Degen/Stolzenberger

Praktische Prüfungsvorbereitung für Köche

4. Auflage

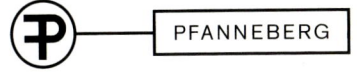

PFANNEBERG

Best.-Nr.: 04410

Autoren:

Bernd Degen, Schwarzgrub

Küchenmeister, Hotelmeister, Serviermeister und
Fachlehrer i. R.

Peter Stolzenberger, Bernried

Küchenmeister und Fachlehrer

4. Auflage 2002

Druck 5 4 3 2 1

Alle Drucke derselben Auflage sind parallel einsetzbar, da sie bis auf
die Behebung von Druckfehlern untereinander unverändert sind.

ISBN 3-8057-0511-5

© 2002 by Fachbuchverlag Pfanneberg GmbH & Co., 42871 Haan

http://www.pfanneberg.de

Umschlaggestaltung: LAYOUT Knörk, 42499 Hückeswagen

Satz: Ruhrstadt Medien AG, 44579 Castrop-Rauxel

Druck: Druckhaus Arns, 42853 Remscheid

Vorwort

Dieses Buch hat die Aufgabe, *Auszubildenden im Beruf des Kochs* Sicherheit für anstehende Prüfungen zu geben. Gerade in Prüfungen, sowohl in Gehilfen- als auch Meisterprüfungen, haben die Prüflinge im praktischen Arbeitsteil immer die größten Schwierigkeiten.

Beide Autoren sind Küchenmeister und Herr Stolzenberger auch Fachlehrer an der staatlichen Hotelberufsschule in Viechtach. Die vielen Erkenntnisse aus vieljähriger Erfahrung in der Lehrtätigkeit und allen Prüfungssituationen schlagen sich in diesem Buch nieder. Es soll jungen Köchen helfen, mit mehr Sicherheit in die Prüfungen zu gehen und bessere Ergebnisse zu erzielen.

Auch für den *Privathaushalt* ist das Buch ausgesprochen nützlich, da die verschiedenen Speisen, die in einzelnen Arbeitsabläufen erklärt werden, auch alltäglich im Haushalt zuzubereiten sind.

Anhand der über 300 farbigen Abbildungen der einzelnen Arbeitsschritte und der angerichteten Speisen kann der Koch die einzelnen Arbeitsabläufe leicht nachvollziehen, sich diese aneignen und in Übungen perfektionieren.

Es wurde bewusst auf überholte, heute in der Ausbildung nicht mehr übliche Arbeitstechniken und Gerichte verzichtet. Die dargestellten Arbeitstechniken orientieren sich an den Ausbildungsrichtlinien der bayerischen Industrie- und Handelskammern, an denen beide Autoren mitgearbeitet haben.

Die Autoren   Herbst 2002

Inhaltsverzeichnis

Grundlagen

Beispiel: Tomatensuppe

Materialanforderung für 2 Liter Suppe mit entsprechenden Einkaufs- und Materialpreisen:

Menge	Material	Einkaufspreis	Materialpreis
200 g	Speckabschnitte	€ 3,15 pro kg	€ 0,63
100 g	Fett/Öl	€ 1,55 pro kg	€ 0,16
100 g	Zwiebeln	€ 0,57 pro kg	€ 0,06
80 g	Karotten	€ 1,40 pro kg	€ 0,11
60 g	Sellerie	€ 1,50 pro kg	€ 0,09
80 g	Lauch	€ 1,75 pro kg	€ 0,14
80 g	Mehl	€ 0,47 pro kg	€ 0,04
100 g	Tomatenmark	€ 1,00 pro kg	€ 0,10
600 g	Tomaten frisch	€ 1,40 pro kg	€ 0,84
2,5 l	Fleischbrühe	€ 0,55 pro l	€ 1,38
60 g	Butter (montieren)	€ 4,90 pro kg	€ 0,29
	Gewürze: Salz, Pfeffer, Knoblauch, Zucker, Oregano, Essig, Basilikum, Kerbel.		€ 0,08
	Gesamt		€ 3,92
	Materialpreis für 1 Person		€ 0,39

Wareneinsatzberechnung: Rezeptnummer: ....

Name des Gerichtes: Geschmorte Rinderrouladen

Anzahl der Portionen: 5 Portionen   **Anrichtweise:** Tafelteller

Materialpreis:......€   **Kalkulationsfaktor:**......   **Verkaufspreis:**......€

Material/Zutaten	Benötigte Menge	Einkaufs- preis netto in €	Material- preis	Portions- material- preis	Hinweise
Rindfleisch/Oberschale	900 g	kg à 9,25	8,33	1,67	
Senf	50 g	kg à 4,75	0,24	0,05	
Zwiebeljulienne	250 g	kg à 0,55	0,14	0,03	
Butter	40 g	kg à 4,00	0,16	0,03	
Speck, geräuchert	200 g	kg à 4,75	0,95	0,19	
Essiggurken	150 g	kg à 3,50	0,53	0,11	
Fett/Öl	100 g	kg à 0,75	0,08	0,02	
Mirepoix	300 g	kg à 1,75	0,53	0,11	
Tomatenmark	60 g	kg à 3,15	0,19	0,04	
Mehl	40 g	kg à 0,47	0,02	0,01	
Rotwein	0,2 l	l à 2,75	0,55	0,11	
Grandjus/braune Brühe	0,7 l	l à 0,75	0,53	0,11	
Gewürze			0,10	0,02	
			12,35	**2,47**	

Materialpreis für eine Portion = € 2,47

Kalkulation

Die Grundlagen der Kalkulation sind die Materialpreise. Nach unserem Muster ist auf der Basis der angegebenen Materialanforderungen die Kalkulation leicht durchzuführen.

Die Festlegung der Materialmengen fließt in die Rezepturen ein und bildet somit das Grundgerüst der Arbeitsweise.

Der errechnete Materialpreis einer Portion kann im Rahmen der Kalkulation mit den üblichen Aufschlägen versehen werden.

Am Ende steht der Portionspreis inklusive Bedienungsaufschlag und Mehrwertsteuer für die Speisekarte.

Durchschnittliche Portionsmengen für à-la-carte Gerichte

Voraussetzungen für eine genaue Wareneinsatzberechnung ist die Festlegung der einzelnen Portionsmengen (pro Person).

Suppe in der Tasse	200 ml
Suppe im Teller	250 ml
Soße als Bestandteil eines Gerichtes	100 ml
Zerlassene Butter	50 ml
Holländische Soße	70 ml
Fischfilet	180 g
Fischtranchen	200 g
Portionsfische	250−300 g
Filetsteak	160−180 g
Rumpsteak	180−200 g
Château briand	350−400 g
Entrecôte double	400 g
Kotelett	180 g
Schnitzel natur	160 g
Schnitzel paniert	120 g
Medaillons (2 Stck.)	160 g
Tournedos (2 Stck.)	160 g
Braten ohne Knochen	180−200 g
Wildsteaks	160 g
Medaillons vom Rücken	150 g
Hasenrücken	350−400 g
Rehrücken	300−350 g
Hähnchen bratfertig	400−450 g
Fasan bratfertig	350−400 g
Rebhuhn bratfertig	1 Stck.
Ente bratfertig	400 g
Kartoffeln roh (ohne Schale)	200−250 g
Teigwaren als Beilage	70−80 g
Reis als Beilage	
Gemüse geputzt als Einzelbeilage	150−200 g
Gemüse als Tiefkühlkost	120−150 g
Aufschnittwurst	160−180 g
Schinkenaufschnitt	150−170 g
Belag für belegte Brote	70−90 g
Käseaufschnitt	180−220 g
Käse als Dessert	100−150 g

Gewichtsverluste bei verschiedenen Garmethoden

Mageres Rindfleisch gekocht	ca. 30−35%
Mageres Rindfleisch geschmort	ca. 34−38%
Rindfleisch in Portionsstücke geschmort	ca. 26−29%
Rindfleisch blutig gebrachten	ca. 16−20%
Filet- oder Rumpsteak blutig gebraten	ca. 11−18%
Kalbsschulter gekocht	ca. 30−34%
Kalbsschulter geschmort	ca. 30−34%
Kalbsschulter gebraten	ca. 26−30%
Kalbfleisch als Portionsstück gebraten	ca. 20−25%
Kalbfleisch als Portionsstück paniert und gebacken	ca. 6−10%
Mageres Schweinefleisch gekocht	ca. 26−30%
Mageres Schweinefleisch geschmort	ca. 28−30%
Mageres Schweinefleisch gebraten	ca. 34−36%
Schweinefleisch als Portionsstück gebraten	ca. 23−28%
Schweinefleisch als Portionsstück paniert und gebacken	ca. 5− 8%
Hammelkeule gekocht	ca. 28−32%
Lammkeule rosa gebraten	ca. 15−20%
Hammelragout geschmort	ca. 30−33%

Durchschnittliche Garzeiten
bei verschiedenen Garmethoden

Roastbeef blutig gebraten, 2 kg,	30−40 Min.
Rinderfilet rosa gebraten, 2 kg,	25−30 Min.
Lammkeule rosa gebraten, 2,5 kg,	45−60 Min.
Schweinerücken durchgebraten, 2 kg,	50−60 Min.
Rumpsteak rosa gebraten, 200 g,	6−8 Min.
Entrecôte double rosa gebraten, 400 g,	12−16 Min.
Filetsteak rosa gebraten, 180 g,	6−8 Min.
Schweinekotelett durchgebraten, 180 g,	8−10 Min.

Vergleichsbeispiele

Kartoffeln

Kartoffeln roh, tourniert	210 g
Kartoffeln roh ohne Schale	250 g
Kartoffeln roh mit Schale	320 g

Kartoffelmenge für 1 Portion

Kartoffeln gebacken	60 g
Kartoffeln roh, geschnitten	150 g
Kartoffeln roh, geschält	150 g

Reis – Teigwaren

1 Portion Spaghetti

Spaghetti roh	80 g
Spaghetti gekocht	210 g

1 Portion Reis

Reis roh	70 g
Reis gekocht	180 g

Wurzelgemüse

Zwiebel mit Schale, groß	110 g
Zwiebel mit Schale, klein	50 g
Zwiebel ohne Schale, groß	90 g
Zwiebel ohne Schale, klein	40 g
Schale mit Zwiebelbrunoise	130 g
Mirepoix ungeschält	200 g
Mirepoix geschält	150 g
Mirepoix geschnitten	150 g

Gemüse

Beispiele für Gemüseportionen:

Karotten tourniert	125 g
Broccoli geputzt	125 g
Erbsen geschält	125 g
Blattspinat geputzt und blanchiert	125 g
Rosenkohl geputzt	125 g
Bohnen geputzt und blanchiert	125 g

Kleinmengen am Beispiel von Eßlöffeln

Tomatenmark	20 g	Mehl	10 g
Senf	20 g	Marmelade	30 g
Kapern	10 g	Butter	15 g
Zucker	15 g	Zwiebelbrunoise	10 g
Salz	10 g	Pfeffer	6 g

Bratgrade am Beispiel eines Entrecôte double

deutsch	*englisch*	*französisch*
blau	rare	bleu
blutig	medium rare	saignant
rosa	medium	à point
durch	welldone	bien cuit

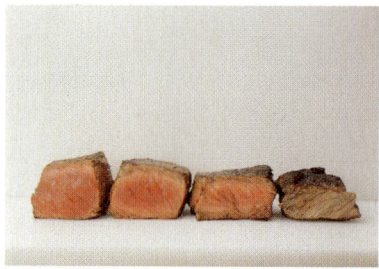

Steaks in verschiedenen Bratgraden von „blau“ bis „durchgebraten“.

Fleischkerntemperaturen
bei verschiedenen Garstufen

Rindfleisch stark blutig	ca. 40–45 °C
Rindfleisch blutig	ca. 50–55 °C
Rindfleisch rosa	ca. 60 °C
Kalbfleisch durchgebraten	ca. 75–80 °C
Schweinefleisch durchgebraten	ca. 80–85 °C

Warenkorb – Vorspeisen

Auswahlmöglichkeiten für Vorspeisen

Vorspeisen von oder mit   kombinierten Salaten
(z. B. aus Fleisch, Geflügel, Fisch, Garnelen,
Gemüse)
Rohkost
marinierten Pilzen
Schweinefilet / Hirschfilet
Poulardenbrust
Räucherfischprodukten
(z. B. Räucherlachs, Räucherforellen)
Matjesfilet
Krustentieren

Tomatenrose (Garnitur)

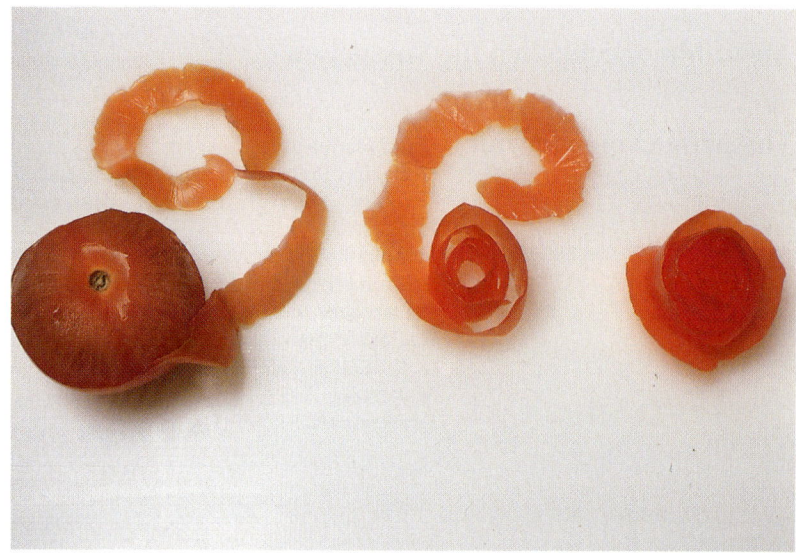

Tomatenrosen werden gerne als Garnitur für Kalte Platten verwendet. Da sie nicht essbar sind, ist ihre Verwendung etwas umstritten. Die Haut einer festen Tomate wird vorsichtig dünn abgeschält. Die Haut locker zu einer Rose zusammenrollen. Ist das Ergebnis nicht befriedigend, ist die Rose umzudrehen, meist ist sie dann auch auf diese Art gut verwendbar.

Matjesfilet nach Hausfrauenart

Material-anforderung für 1 Portion	Menge	Material
	120 g	Matjesfilet
	40 g	Äpfel
	30 g	Essiggurken
	40 g	Zwiebeln
	40 g	Sauerrahm
	20 g	Mayonnaise
		Gewürze: Salz, weißer Pfeffer, Zitronensaft
		Garnitur: Zwiebelringe, Zitronen-scheiben, Maiskölbchen, Dillzweige, Tomatenkrallen, kleines Salatbouquet

Arbeitsweise

1 Matjesfilet säubern, evtl. Restgräten entfernen, wässern.

2 Äpfel, Essiggurken und Zwiebeln in dünne Scheibchen schneiden.

3 Sauerrahm und Mayonnaise verrühren, abschmecken und unter die Zutaten geben.

4 Matjesfilets auf einem Teller oder einer Platte anrichten, mit der fertigen Soße überziehen und entsprechend garnieren.

Cocktail von Garnelen

Material- anforderung für 1 Portion	Menge	Material
	60 g	Garnelen
	20 g	Äpfel
	10 g	Champignons
	10 g	Spargel
	20 g	Orangenfiletstücke
	20 g	Mayonnaise
	1 EL	Sahne, geschlagen
		Gewürze: Salz, weißer Pfeffer, Zitronensaft, Meerrettich, Cognac, Tomatenketchup
		Garnitur: Garnelen, Spargelspitzen, Champignonkopf, Orangenfilets, Salatblätter oder Salatstreifen, Petersilie

Arbeitsweise

1 Garnelen, Orangenfiletstücke, Äpfel-, Champignons- und Spargelwürfel vermengen.
2 Hauptbestandteile mit den Gewürzen marinieren.
3 Füllmenge auf Salatstreifen (Chiffonade) in einem Cocktailglas oder mit einem Salatblatt in einer Schale anrichten.
4 Mayonnaise, Tomatenketchup und restliche Marinade sowie geschlagene Sahne zur Cocktailsoße verrühren.
5 Füllmenge im Glas mit der fertigen Soße überziehen.
6 Mit den Garniturbestandteilen entsprechend garnieren.

Garnelensalat

Material-anforderung für 1 Portion	Menge	Material
	60 g	Garnelen
	20 g	Äpfel
	10 g	Champignons
	10 g	Spargel
	20 g	Orangenfilets
	20 g	Mayonnaise
	1 EL	Sahne, geschlagen
		Gewürze: Salz, weißer Pfeffer, Zitronensaft, Meerrettich, Cognac, Tomatenketchup
		Garnitur: Garnelen, Spargelspitzen, Champignonkopf, Orangenfilets, Salatblätter, Zitronenscheibe

Arbeitsweise

1 Garnelen, Orangenfiletstücke, Äpfel-, Champignons- und Spargelwürfel vermengen.

2 Hauptbestandteile mit den Gewürzen marinieren.

3 Mayonnaise mit Tomatenketchup, der Marinade von den Zutaten sowie der geschlagenen Sahne zu einer Soße verrühren.

4 Bestandteile mit der Soße vermengen, anrichten und entsprechend garnieren.

Anrichtemöglichkeiten:
Auf einer Platte, Schale oder Schüssel mit Salatblättern.
In halbierten Avocados.
In ausgehöhlten Orangenschalen.

Riesengarnelenschwänze, pikant mit Gemüse

Material-anforderung für 5 Portionen	Menge	Material
	750 g	Riesengarnelenschwänze
	150 g	Paprikaschoten, bunt
	150 g	Tomatenviertel, abgezogen, entkernt
	100 g	Champignons
	2 EL	Kräuter, gehackt (Petersilie, Dill, Kerbel)
	3 Stck.	Knoblauchzehen
		Gewürze: Salz, Pfeffer, Öl, Zitronensaft
		Garnitur: Oliven, abgezogene, entkernte Tomatenspalten, Salatblätter, Zwiebelringe

Arbeitsweise

1 Paprikaschoten in feine Streifen – Champignons in Scheiben schneiden.
2 Tomaten blanchieren, abziehen, vierteln und entkernen.
3 Gekochte, geschälte Riesengarnelenschwänze vorsichtig mit den Zutaten vermengen.
4 Mit den Gewürzen, den Kräutern und den zerdrückten Knoblauchzehen marinieren, ca. 1 Std. ziehen lassen.
5 Garnelen mit der Einlage in einer Schale anrichten, mit den Garniturbestandteilen garnieren, mit Kräutern bestreuen.

Vorbereitete Zutaten entsprechend zerkleinern und bereitstellen.

Salat auf einem Speiseteller oder in einer Schale anrichten, und darauf achten, daß ein Garnelenschwanz obenaufliegt.

Riesengarnelenschwänze, in Currysoße

Salat auf einem Speiseteller oder in einer Schale anrichten und mit angerösteten Mandelblättchen garnieren.

Material- anforderung für 5 Portionen	Menge	Material
	750 g	Riesengarnelenschwänze
	100 g	Bananenwürfel
	100 g	Äpfelwürfel
	150 g	Abgezogene, entkernte Tomatenviertel
	100 g	Feine Paprikawürfel
	60 g	Mango Chutney, gehackt
	50 g	Mandeln
	150 g	Mayonnaise
	0,1 l	Sahne, geschlagen
		Gewürze: Salz, Pfeffer, Zitronensaft, Cognac, Curry
		Garnitur: Früchte, Salatblätter, abgezogene, entkernte Tomatenecken, Mandeln gehobelt

Arbeitsweise

1 Gekochte, geschälte Riesengarnelenschwänze mit den Gewürzen marinieren.

2 Sahnemayonnaise mit Currypulver verrühren und die zerkleinerten Zutaten unterheben.

3 Garnelenschwänze in einer Schale anrichten, mit der Soße überziehen, entsprechend garnieren.

Heringssalat

Material-	Menge	Material
anforderung	800 g	Bismarkheringe
für	300 g	Essiggurken
10 Portionen	300 g	Äpfel
	300 g	Rote Rüben
	200 g	Zwiebeln
	300 g	Mayonnaise
	300 g	Sauerrahm
		Gewürze: Salz, weißer Pfeffer, Zitronen.
		Garnitur: Zwiebelringe, Cornichons, Maiskölbchen, Silberzwiebeln.

Arbeitsweise

1 Heringsfilet, Gewürzgurken und geschälte Äpfel in Würfel schneiden.
2 Feingeschnittene Zwiebelbrunoise dazugeben.
3 Mayonnaise mit Sauerrahm mischen und abschmecken.
4 Soße unter die Zutaten ziehen.
5 Rote Rüben in Würfel schneiden, abtrocknen.
6 Rote Rübenwürfel zur Geschmacks- und Farbverfeinerung hinzufügen.
7 Mit den Garniturbestandteilen entsprechend garnieren.

Italienischer Salat

Material-	Menge	Material
anforderung	800 g	Kalbsbraten
für	400 g	Äpfel
10 Portionen	300 g	Essiggurken
	300 g	Mayonnaise
		Gewürze: Salz, weißer Pfeffer, gehackte Sardellen, gehackte Kapern, Worcestershiresoße.
		Garnitur: Eischeiben, Gurken-fächer, abgezogene entkernte Tomatenspalten, Oliven.

Arbeitsweise

1 Kalbsbraten in dünne Streifen schneiden.
2 Geschälte Äpfel und Essiggurken in dünne Streifen schneiden.
3 Mayonnaise mit den gehackten Kapern und Sardellen sowie den Gewürzen abschmecken.
4 Hauptzutaten mit der Mayonnaise anmachen.
5 Mit den Garniturbestandteilen garnieren.

Geflügelsalat in Currysahne

Material- anforderung für 1 Portion	Menge	Material
	60 g	Hühnerfleisch, gekocht
	10 g	Bananenwürfel
	20 g	Äpfelwürfel
	20 g	Orangenfilets
	10 g	Ananaswürfel
	1 EL	Mango Chutney
	1 EL	Mandeln, gehobelt
	20 g	Mayonnaise
	1 EL	Sahne, geschlagen
		Gewürze: Salz, weißer Pfeffer, Zironensaft, Öl, Curry
		Garnitur: Früchte, Mandeln, Salatblätter

Arbeitsweise

1 Gekochtes Hühnerfleisch, ohne Haut und Knochen, in Würfel schneiden.
2 Hühnerfleisch und die Zutaten vermengen, mit den Gewürzen marinieren.
3 Salatbestandteile mit der angemachten Sahnemayonnaise vermengen.
4 Salat anrichten und mit den Garniturbestandteilen garnieren.

Geflügelsalat

Material-	Menge	Material
anforderung	600 g	gekochtes Hühnerfleisch
für	100 g	Knollensellerie
10 Portionen	200 g	Spargel
	200 g	Ananas
	250 g	Champignons
	250 g	Äpfel
	200 g	Mayonnaise
	0,1 l	Sahne
		Gewürze: Salz, weißer Pfeffer, Zitronensaft, Orangensaft, Öl.
		Garnitur: Spargelspitzen, Ananasstücke, Orangenfilets, Salatblätter, Champignonköpfe.

Arbeitsweise

1 Gekochtes Hühnerfleisch in Würfel schneiden.
2 Sellerie, Spargel, Champignons und Äpfel in kleine Würfel schneiden.
3 Mit den Gewürzen sowie dem Orangen- und Zitronensaft marinieren.
4 Mayonnaise mit angeschlagener Sahne vermengen und unter die marinierten Hauptzutaten heben.
5 Mit den Garniturbestandteilen garnieren.

Waldorfsalat

Material-anforderung für 10 Portionen	Menge	Material
	600 g	Äpfel (fest und säuerlich)
	600 g	Knollensellerie
	100 g	Walnusskerne
	250 g	Mayonnaise
	0,1 l	Sahne
		Gewürze: Salz, weißer Pfeffer, Zitronensaft.
		Garnitur: Walnusskerne, Früchte.

Arbeitsweise

1 Geschälte Äpfel und Knollensellerie in feine Streifen schneiden.
2 Mayonnaise mit angeschlagener Sahne vermengen, würzen.
3 Hauptzutaten mit der Mayonnaise binden
4 Abgezogene, gehackte Walnusskerne unterheben.
5 Mit abgezogenen halben Walnusskernen und Früchten garnieren.

Bunter Nudelsalat

Material-anforderung für 5 Portionen	Menge	Material
	250 g	Bunte Bandnudeln, ungekocht
	200 g	Paprikaschoten (rot, gelb, grün)
	1 Stck.	Salatgurke
	200 g	Tomaten
	150 g	Champignons
	100 g	Thunfisch in Öl
	1 TL	Sardellen, gehackt
	1 TL	Kapern
		Gewürze: Salz, Pfeffer, Knoblauch, Zitronensaft, Olivenöl, frische Kräuter
		Garnitur: Abgezogene, entkernte Tomatenviertel, Oliven, Salatblätter, Kräuter

Arbeitsweise

1 Bandnudeln bissfest kochen (al dente), mit kaltem Wasser abspülen, abtropfen lassen.

2 Salatgurke entkernen und in Streifen schneiden, Paprikaschoten in feine Streifen schneiden, Champignons in Scheiben schneiden.

3 Tomaten blanchieren, abziehen, entkernen und in Würfel schneiden.

4 Zutaten mit einer Soße aus Thunfisch, Sardellen, Kapern und den Gewürzen vermengen, gut durchziehen lassen (ca. 1 Std.).

5 Salat anrichten und mit den Garniturbestandteilen garnieren.

Gefüllte Birne mit Walnuss- und Gorgonzolakrem

Material-anforderung für 5 Portionen	*Walnußkrem:*	
	Menge	Material
	5/2 Stck.	Kompottbirnen
	100 g	Doppelrahmfrischkäse
	30 g	Feingehackte Walnusskerne
	0,1 l	Sahne
	1 EL	Sherry
		Gewürze: Salz, Pfeffer, Ingwer-pulver
		Garnitur: Früchte, Walnusskerne
	Gorgonzolakrem:	
	Menge	Material
	150 g	Gorgonzola oder andere Edelpilzkäse
	75 g	Butter
	1 EL	Sherry
		Gewürze: Salz, Pfeffer, Zitronensaft
		Garnitur: Früchte oder Radies-chen, Petersilie, Paprikastreifen

Arbeitsweise (Walnusskrem)

1 Frischkäse mit der Sahne und den Gewürzen verrühren.
2 Walnusskerne fein hacken und unter die Krem heben.
3 Die Krem in die Birnenhälften spritzen und entsprechend garnieren.

Arbeitsweise (Gorgonzolakrem)

1 Gorgonzola mit einer Gabel zerdrücken und durch ein Sieb streichen.
2 Butter schaumig rühren und mit dem passierten Edelpilzkäse vermischen.
3 Mit Salz, geschrotetem Pfeffer und dem Sherry abschmecken.
4 Die Krem in die Birnenhälften spritzen und entsprechend garnieren.

Gefüllte Eier

Material-anforderung für 8 Eihälften	Menge	Material
	4 Stck.	Eier, gekocht
	75 g	Frischkäse
		oder
	50 g	Butter
		Gewürze: Salz, weißer Pfeffer, Cognac, evtl. scharfer Senf
		Garnitur: Oliven, Maiskölbchen, Petersilie, farbige, dünne Paprika-streifen

Arbeitsweise (für Grundmasse)

1 Hartgekochte Eier (10 Minuten) werden geschält, der Länge nach halbiert.
2 Das Eigelb wird herausgenommen und durch ein Sieb gestrichen.
3 Die Masse wird mit Frischkäse oder schaumig geschlagener Butter zu einer geschmeidigen Krem verrührt.
4 Mit Salz, Pfeffer und etwas Cognac abschmecken, Masse mit dem Spritz-beutel (Sterntülle) in die ausgewaschenen Eiweißhälften gleichmäßig ein-spritzen.
5 Mit den Garniturbestandteilen entsprechend garnieren.

Ableitungen:

Kaviarfüllung: Grundmasse mit etwas Crème fraîche verrühren, mit Zitro-nensaft würzen, Lachskaviar untermischen, Füllung in die Eiweißhälften spritzen, mit Lachskaviar garnieren.

Pastetenfüllung: Grundmasse mit Leberpastete (Kalbsleberwurst) und Crème fraîche verrühren, mit Salz und Pfeffer abschmecken, Füllung in die Eiweißhälften spritzen, mit grobem Pfeffer bestreuen.

Gemüsesalat

Material-anforderung für 10 Portionen	Menge	Material
	1000 g	Gemüse (Karotten, Sellerie, Erbsen, Spargel, Bohnen, Maiskörner)
	100 g	Tomatenfleischwürfel (tomates concassées)
	200 g	Mayonnaise
		Gewürze: Salz, weißer Pfeffer, Kapern, gehackte Sardellenfilets, gehackte Kräuter.
		Garnitur: abgezogene, entkernte Tomatenecken, Eischeiben oder gefüllte Eier.

Arbeitsweise

1 Gekochtes Gemüse in kleine Würfel (Salpikon) schneiden.
2 Mit Mayonnaise leicht abbinden.
3 Gekochte Maiskörner und Tomatenfleischwürfel unterheben.
4 Mit Salz, weißem Pfeffer, gehackten Sardellenfilets, Kapern und Kräutern abschmecken, entsprechend garnieren.

Rindfleischsalat (Teufelsalat)

Material-	Menge	Material
anforderung	700 g	Rindfleisch, gekocht
für	300 g	Paprikaschoten
10 Portionen	200 g	Zwiebeln
	200 g	Essiggurken
	200 g	Tomatenketchup
		Gewürze: Salz, weißer Pfeffer, Öl, Meerrettich, Weinbrand, Tabasco.
		Garnitur: Eiecken, Zwiebelringe, Oliven, Gurkenfächer, Maiskölbchen, abgezogene, entkernte Tomatenecken.

Arbeitsweise

1 Gekochtes Rindfleisch in Streifen schneiden.
2 Paprikaschoten, Zwiebeln und Essiggurken in feine Streifen (Julienne) schneiden.
3 Den Salat mit einer aus Ketchup, Öl, Meerrettich und Weinbrand bestehenden Marinade und den Gewürzen vermengen und durchziehen lassen.
4 Nachschmecken, anrichten und entsprechend garnieren.

Anrichten von Salaten

Um die Frische der Salate hervorzuheben, sind folgende Regeln beim Anrichten auf Salattellern zu beachten:

1 Die einzelnen Salatsorten sollten einzeln gut erkennbar sein.
2 Salate, besonders Blattsalate, hoch anrichten.
3 Den Tellerrand und die Vignette freilassen.
4 Auf das Farbenspiel der einzelnen Salate achten, gleiche Farben nicht nebeneinander plazieren.
5 Nicht zuviel Salatsoße verwenden. Salatsoße nur zum Überziehen, nicht zum Vermischen einsetzen.
6 Zu üppige Anrichteweise schlägt schnell ins Gegenteil um. Diese Salatteller wirken überladen.

Dressings – Salatsoßen

Einfache Essig-Öl-Marinade (für Blattsalate)
1 Teil Essig
2 Teile Öl
Salz, Pfeffer, eine Prise Zucker.

French-Dressing
3 Teile Öl
1 Teil Essig
Salz, Pfeffer, frz. Senf.

Sauce vinaigrette (Essig-Öl-Kräutermarinade)
3 Teile Öl
1 Teil Essig
Küchenkräuter (Petersilie, Schnittlauch, Kerbel)
Salz, Pfeffer, etwas Knoblauch,
gehackte Zwiebeln,
abgezogene Tomatenwürfel,
eventuell 1 gehacktes Ei zur Garnitur.

Roquefort-Dressing

100 g Roquefort Käse
¼ l Süßrahm
Salz, Pfeffer, etwas Essig (abschmecken), Kräuterzugabe
oder
100 g Roquefort Käse (durch ein Sieb streichen und mit
¼ l French Dressing verrühren).

Sahne-Kräuterdressing (Joghurtdressing wird ebenso hergestellt)

⅛ l Süßrahm (oder Sauerrahm)
1 EL Zitronensaft
Salz, Pfeffer, Zucker,
viele gehackte Kräuter.

Thousand Islands Dressing (Tausend Inseln Soße)

100 g Mayonnaise
10 g (1 EL) Chillisoße
2 EL kleingehackte Paprikawürfel
Salz, Pfeffer, etwas Zucker.

Tomatensalat mit Sauce vinaigrette

Material-anforderung für 3 Portionen	Menge	Material
	300 g	Tomaten
	0,1 l	Sauce vinaigrette
		Garnitur: Kräutersträußchen, Kresse

Arbeitsweise

1 Tomaten waschen, Strunk entfernen, kreuzweise einschneiden.
2 Im kochenden Wasser blanchieren, sofort im Eiswasser abkühlen.
3 Anschließend die Haut abziehen, in gleichmäßige Scheiben schneiden, gefächert auf einem Teller anrichten.
4 Tomatenscheiben mit Sauce vinaigrette überziehen, garnieren.

Weißkrautsalat

Material- anforderung für 3 Portionen	Menge	Material
	450 g	Weißkraut
	60 g	Zwiebelbrunoise
	70 g	Lauchjulienne
	0,3 l	Fleischbrühe
		Gewürze: Salz, Pfeffer, Essig, Öl
		Kümmel
		Garnitur: Tomatenkrallen,
		Lauchstreifen, gebratene
		Speckwürfel

Arbeitsweise

1 Weißkraut ohne Strunk in feine Streifen schneiden.
2 Geschnittenes Weißkraut mit Zwiebelbrunoise und Lauchstreifen vermengen.
3 Zutaten mit heißer Fleischbrühe und den Gewürzen vermengen, durchziehen lassen.
4 Salat nochmals abschmecken, anrichten, garnieren.

Rotkrautsalat
mit gedünsteten Apfelspalten

Material-	Menge	Material
anforderung	450 g	Rotkraut
für	50 g	Zwiebelbrunoise
3 Portionen	60 g	Äpfeljulienne
		Gewürze: Salz, Pfeffer, Zucker,
		Zimt, Öl, Zitronensaft, Essig,
		Rotwein,
	80 g	Äpfel für die Garnitur

Arbeitsweise

1 Rotkraut in feine Streifen schneiden.
2 Zwiebelbrunoise und Äpfelstreifen unter das geschnittene Rotkraut mischen.
3 Salat mit den Gewürzen vermischen und durchziehen lassen.
4 Für die Garnitur die Äpfel schälen, vierteln, entkernen und in Läuterzucker dünsten.
5 Salat nochmals abschmecken, anrichten und mit den Apfelspalten garnieren.

Speckkartoffelsalat

Material-anforderung für 3 Portionen	Menge	Material
	600 g	Festkochende Kartoffeln mit Schale
	60 g	Durchwachsener Speck
	80 g	Zwiebelbrunoise
	0,1 l	Fleischbrühe
		Gewürze: Salz, Pfeffer, Öl, Essig, gehackte Kräuter
		Garnitur: Tomatenkrallen, Petersilie, Kresse

Arbeitsweise

1 Gekochte Pellkartoffeln schälen, in gleichmäßige Scheiben schneiden.
2 Speckwürfel in der Pfanne anbraten.
3 Zwiebelbrunoise und gebratene Speckwürfel zu den geschnittenen Kartoffeln geben.
4 Zutaten mit heißer Fleischbrühe und den Gewürzen vermengen, durchziehen lassen.
5 Salat nochmals abschmecken, anrichten, garnieren.

Warenkorb – Suppen

Auswahlmöglichkeiten für Suppen

Klare Suppen:	Bouillon mit Einlagen (Fleisch- und Knochenbrühe) Consommé (Kraftbrühe)
Gebundene Suppen:	Samtsuppen (Legierte Suppen) Rahmsuppen (Gebundene Suppen mit Sahne legiert) Püreesuppen (Pürierte Suppen) Gemüsesuppen (Suppen mit geschnittenem Gemüse)
Spezialsuppen:	Regionalsuppen (z.B. Leberknödelsuppe) Nationalsuppen (z.B. Französische Zwiebelsuppe) Kalte Suppen (z.B. Fruchtkaltschalen)
Rohstoffe für Suppeneinlagen:	Biskuit, Grieß, Mark, Leber, Brandteig, Pfannkuchenteig, Gemüse, Eier, Fleischfarce.

Bouillon
(Fleisch- und Knochenbrühe)

Material-anforderung für 10 Portionen (= 2 Liter Brühe)	Menge	Material
	4 l	Wasser
	1200 g	Rinderknochen
	600 g	Rindfleisch (Brust, Beinscheibe)
	150 g	Karotten
	150 g	Lauch
	100 g	Sellerie
	100 g	Petersilienwurzeln
	200 g	ungeschälte Zwiebeln
		Gewürze: Salz, Pfefferkörner, Piment, Muskat, Lorbeerblatt.

Arbeitsweise

1 Gehackte Rinderknochen blanchieren.
2 Abgewaschenes Fleisch und Rinderknochen kalt aufsetzen.
3 Aufkochen und abschäumen.
4 Langsam weiterkochen (ca. 4–5 Std.), mehrmals entfetten (degraissieren).
5 1 Stunde vor Kochende das Gemüsebündel (Bouquet garni) und Salz beigeben.
6 Fleisch und Gemüsebündel ausstechen, Bouillon durch ein Tuch (Etamin) mit den Gewürzen passieren.

Consommé
(Rinderkraftbrühe)

Material-	Menge	Material
anforderung	2,5 l	Fleisch- und Knochenbrühe
für	500 g	Rinderwade
10 Portionen	0,25 l	Wasser (Eiswürfel)
(= 2 Liter Kraft-	3	Eiweiß
brühe)	80 g	Karotten
	100 g	Lauch
	70 g	Knollensellerie
	20 g	Petersilienwurzeln
		Gewürze: Salz, Muskat, Kerbel,
		Petersiliensträußchen.

Arbeitsweise

1 Hühnereiweiß mit kaltem Wasser (Eiswürfel) verrühren.
2 Grob geschrotete Rinderwade mit Wurzelgemüsewürfel zugeben und
   vermengen.
3 Entfettete, kalte Fleisch- und Knochenbrühe (Bouillon) zugießen,
   gut verrühren.
4 Unter ständigem Rühren, aufkochen.
5 1 Stunde ziehen lassen, mehrmals entfetten.
6 Gewürze und Kräuter ins Passiertuch (Etamin) legen, Kraftbrühe passieren.
7 Nochmals aufkochen, entfetten und endgültig abschmecken.

Zutaten in einer Schüssel mit Wasser mischen.

Mischung in die kalte Brühe rühren.

Langsam unter Rühren erhitzen.

Nach einer Stunde Kochzeit vorsichtig passieren.

Suppeneinlagen

Grießnockerl

Material-anforderung für 10 Portionen	Menge	Material
	1	Ei (50 g)
	50 g	Butter
	100 g	Grieß
		Gewürze: Salz, Muskat, gehackte Petersilie

Arbeitsweise

1 Butter schaumig rühren.
2 Ei und Grieß dazugeben, würzen.
3 Mit Kaffeelöffel Nockerl in siedendes Salzwasser abstechen.
4 10 Minuten ohne Deckel kochen lassen.
5 Mit kaltem Wasser abschrecken und zugedeckt 10 Minuten, ohne Wärmezufuhr, ziehen lassen.
6 In Bouillon servieren.

Schinkenschöberl (Schinkenbiskuit)

Material-anforderung für 10 Portionen	Menge	Material
	5	Eigelb
	5	Eiweiß
	100 g	Mehl
	60 g	Gekochter Schinken
		Gewürze: Salz, Muskat.

Arbeitsweise

1 Eigelb mit Salz und Muskat schaumig schlagen.
2 Eiweiß zu Schnee schlagen.
3 Gesiebtes Mehl und Eiweiß abwechselnd unter die Eigelbmasse heben.
4 Feingeschnittene Schinkenwürfel unterziehen.
5 Sofort auf gefettetes Pergamentpapier streichen und bei 200 °C ca. 10 Minuten goldbraun backen.
6 Pergamentpapier abziehen, nach dem Erkalten in Rauten oder Würfel schneiden.

Profiteroles (Brandteigkrapfen)

Material-anforderung für 10 Portionen	Menge	Material
	0,125 l	Wasser
	30 g	Butter
	75 g	Mehl
	2	Eier
		Gewürze: Salz

Arbeitsweise

1 Wasser, Butter und Salz aufkochen.
2 Gesiebtes Mehl im Sturz in die Flüssigkeit geben.
3 Mit einem Holzspachtel abbrennen, bis sich die Masse vom Geschirr löst.
4 In kaltes Geschirr umfüllen.
5 Eier einzeln unterarbeiten.
6 Brandteig in Erbsenform auf ein feuchtes Blech spritzen.
7 Bei 220°C ca. 10 Minuten goldbraun backen.

Célestine – Feine Pfannkuchenstreifen

Material-anforderung für 10 Portionen	Menge	Material
	50 g	Mehl
	0,125 l	Milch
	2	Eier
		Gewürze: Salz, Muskat, gehackte Petersilie.

Arbeitsweise

1 Gesiebtes Mehl mit Milch glattrühren.
2 Aufgeschlagene Eier und Gewürze unterarbeiten.
3 Mit wenig Fett dünne Pfannkuchen backen.
4 Ausgekühlte Pfannkuchen in dünne Streifen schneiden.

Legierte Blumenkohlsuppe

Material-anforderung für 10 Portionen (= 2 Liter Suppe)	Menge	Material
	400 g	Blumenkohl
	80 g	Butter
	50 g	Zwiebeln
	80 g	Mehl
	2,25 l	Blumenkohlfond
	2	Eigelb
	0,1 l	Sahne
		Gewürze: Salz, weißer Pfeffer, Zitronensaft.

Arbeitsweise

1 Blumenkohl putzen, Röschen abtrennen, in Salzwasser waschen.
2 Blumenkohlstrunk zerkleinern und mit feingeschnittenen Zwiebeln in Butter glasig dünsten.
3 Mit Mehl bestäuben und eine helle Mehlschwitze (Roux) herstellen.
4 Blumenkohlröschen in leichtem Salzwasser garen.
5 Die kalte Roux mit dem Blumenkohlfond aufgießen und glattrühren.
6 Unter öfterem Umrühren aufkochen.
7 Gewürze zugeben, 20 Minuten leicht kochen lassen.
8 Suppe abschmecken, passieren, Legierung (Liaison) aus Eigelb und Sahne unterziehen, Blumenkohlröschen dazugeben.

Pürierte Linsensuppe

Material-anforderung für 10 Portionen = 2 Liter	Menge	Material
	200 g	Linsen, getrocknet
	60 g	Butter
	100 g	Speck
	je 60 g	Karotten, Lauch, Sellerie
	30 g	Tomatenmark
	300 g	Kartoffeln, ohne Schale
	2,5 l	Fleischbrühe (Einweichwasser)
	2	Scheiben Weißbrot
	30 g	Butter
	100 g	Gemüse brunoise
		Gewürze: Salz, Pfeffer, Lorbeer, Majoran, Essig, Piment, Zucker.

Arbeitsweise

1 Getrocknete Linsen mindestens 2 Stunden in kaltem Wasser einweichen.
2 Speck und Gemüsewürfel in Butter anschwitzen, abgeschüttete Linsen
zugeben und mit den Kartoffelwürfeln anschwitzen.
3 Mit Tomatenmark kurz glacieren, auffüllen, würzen und weichkochen.
4 Suppe passieren, gedünstete Gemüsewürfel als Einlage zugeben und mit
gerösteten Weißbrotwürfeln bestreuen.

Vorbereitete Zutaten vorsichtig schneiden.

Brunoise in Fett anschwitzen.

Linsen mit Einweichwasser zugießen.

Nach dem Kochen sehr gründlich passieren.

Tomatensuppe

Material-	Menge	Material
anforderung	100 g	Fett
für	200 g	Speck, geräuchert (Speckschwarten)
10 Portionen	100 g	Zwiebeln
(= 2 Liter Suppe)	80 g	Lauch
	60 g	Sellerie
	80 g	Karotten
	80 g	Mehl
	600 g	Tomaten
	100 g	Tomatenmark
	2,5 l	Brühe
		Gewürze: Salz, weiße Pfefferkörner, Zucker, Knoblauch, Oregano, Basilikum, Kerbel, Essig.

Arbeitsweise

1 Speck im Fett mit dem Wurzelgemüse farblos anschwitzen.
2 Mit Mehl bestäuben und anschwitzen (Roux).
3 Tomaten und Tomatenmark dazugeben, mitschwitzen.
4 Mit kalter Brühe aufgießen, aufkochen, abschäumen und Gewürze zugeben. 30 Minuten leicht kochen lassen.
5 Suppe durch ein Haarsieb (Chinois) passieren.
6 Suppe abschmecken, mit Butterflocken montieren, mit Crôutons bestreuen.

Alle Zutaten farblos anschwitzen.

Mit Brühe aufgießen, kochen lassen.

Bürgerliche Kartoffelsuppe

Material-anforderung für 10 Portionen (= 2 Liter Suppe)	Menge	Material
	400 g	Kartoffeln ohne Schale
	150 g	Speck, durchwachsen und geräuchert
	100 g	Zwiebeln
	100 g	Butter
	100 g	Karotten
	80 g	Knollensellerie
	100 g	Lauch
	2,5 l	Rinderbrühe (Bouillon)
	2	Scheiben Weißbrot
	60 g	Butter
		Gewürze: Salz, weißer Pfeffer, Muskat, Majoran, Thymian, Knoblauch, Petersilie
		Gewürzbeutel: Piment, Lorbeer, Pfefferkörner

Arbeitsweise

1 Speck- und Zwiebelwürfel in Butter anschwitzen.
2 Kartoffelwürfel zufügen und anschwitzen.
3 Feine Gemüsewürfel beifügen und mit Bouillon auffüllen, würzen (Gewürzbeutel).
4 15–20 Minuten leicht kochen lassen, Suppe nicht passieren, Gewürzbeutel entnehmen.
5 Suppe mit gehackter Petersilie und gerösteten Weißbrotwürfeln bestreuen.

Minestrone
(Italienische Gemüsesuppe)

Material-anforderung für 10 Portionen = 2 Liter	Menge	Material
	80 g	Zwiebeln
	120 g	Karotten
	120 g	Lauch
	100 g	Sellerie
	200 g	Wirsing
	60 g	Speck
	100 g	Butter
	20 g	Tomatenmark
	2,5 l	Fleischbrühe
	20 g	Rundkornreis
	40 g	Makkaroni/Spaghetti
	100 g	Tomatenwürfel
	60 g	Parmesan
		Gewürze: Salz, weißer Pfeffer, Knoblauch, Petersilie, Basilikum, Lorbeerblatt.

Arbeitsweise

1 Gemüse putzen und waschen, in Rauten (Blättchen) schneiden.
2 Speck- und Zwiebelwürfel in Butter anschwitzen, Gemüse zugeben.
3 Mit Tomatenmark glacieren und der Fleischbrühe auffüllen.
4 Gewürze zugeben.
5 Kurz vor Garende werden der Reis und die in Stücke gebrochenen Teigwaren zugegeben.
6 Gehackter Knoblauch und Petersilie sowie die abgezogenen entkernten
Tomatenfleischwürfel zugeben, abschmecken.
7 Geriebenen Parmesan extra servieren.

Eine saubere Schnittführung ist wichtig.

Speck und Zwiebeln anschwitzen.

10 Minuten vor Kochende Nudeln hinzugeben.

Mit Tomatenwürfeln verfeinern.

Französische Zwiebelsuppe

Material-	Menge	Material
anforderung	700 g	Zwiebeln
für	120 g	Butter
10 Portionen	2,25 l	Fleischbrühe
= 2 Liter	10	Stangenweißbrotscheiben
	60 g	Parmesan
	30 g	Butter
		Gewürze: Salz, weißer Pfeffer, Knoblauch.

Arbeitsweise

1 Zwiebeljulienne in Butter goldgelb anschwitzen.
2 Mit kräftiger Fleischbrühe auffüllen, Gewürze zugeben, die Zwiebeln weich-kochen.
3 Scheiben von Stangenweißbrot rösten.
4 Suppe in feuerfestes Porzellan einfüllen.
5 Mit geröstetem Weißbrot belegen, Parmesan und Butterflocken darüber-streuen und gratinieren.

Gulaschsuppe

Material-anforderung für 5 Portionen	Menge	Material
	100 g	Rindfleisch (Schulter, Wade, Bug)
	100 g	Zwiebeln
	30 g	Fett
	100 g	Kartoffeln
	40 g	Mehlbutter zur Bindung
	1,5 l	Brühe (Wasser)
		Gewürze: Knoblauch, Majoran, Zitronenschalen, Kümmel, Salz, Pfeffer, Paprika, evtl. Tomatenmark.

Arbeitsweise

1 Zwiebelwürfel im Fett andünsten, kleine gewürzte Rindfleischwürfel (Salpikon) dazugeben.

2 Zugedeckt Saft ziehen lassen, ohne Deckel den Fleischfond einkochen und mit Paprika bestreuen (evtl. Tomatenmark).

3 Mit Brühe auffüllen, Gewürze dazugeben, zugedeckt weichdünsten.

4 Vor Ende der Garzeit Paprikawürfel und blanchierte Kartoffelwürfel in die Suppe geben und mitkochen, mit der Mehlbutter die Konsistenz regulieren, fertig abschmecken.

Hammelbohneneintopf

Material- anforderung für 5 Portionen	Menge	Material
	1200 g	Hammelschulter
	300 g	Zwiebeln
	60 g	Fett
	700 g	grüne Bohnen
	700 g	Kartoffeln ohne Schale
	0,6 l	Fleischbrühe
		Gewürze: Salz, weißer Pfeffer, Bohnenkraut, Knoblauch, Petersilie.

Arbeitsweise

1 Hammelschulter auslösen, in gleichmäßige grobe Würfel schneiden.
2 Fleisch und Zwiebelbrunoise in Fett anschwitzen, Gewürze zugeben, mit der halben Menge Brühe auffüllen, schmoren.
3 Kurz vor Ende der Garzeit die restliche Brühe zufügen, die blanchierten grünen Bohnen sowie die in Würfel geschnittenen Kartoffeln zugeben, langsam fertig garen, abschmecken.
4 Hammelbohnenfleisch anrichten, mit frisch gehackter Petersilie bestreuen.

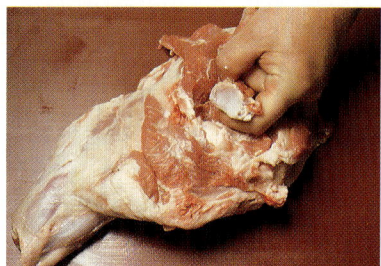

Hammelschulter auslösen.

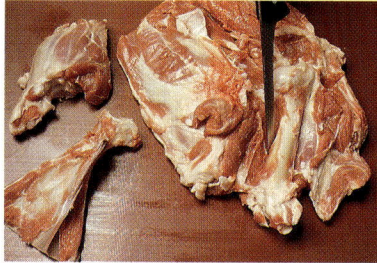

Knochen restlos entfernen.

Fleisch in Würfel schneiden, Zutaten bereitstellen.

Fleisch und Zwiebeln anschwitzen, auffüllen.

Pichelsteiner Eintopf

Material-	Menge	Material
anforderung	250 g	Ragoutfleisch vom Rind
für	250 g	Ragoutfleisch vom Kalb
5 Portionen	250 g	Ragoutfleisch vom Schwein
	500 g	Wirsing
	350 g	Karotten
	350 g	Zwiebeln
	150 g	Sellerie
	500 g	Kartoffeln ohne Schale
	50 g	Fett
	80 g	Rindermark
	0,6 l	Fleischbrühe
		Gewürze: Salz, Pfeffer, Petersilie.

Arbeitsweise

1 Fleisch in kleine Würfel schneiden, im Topf anbraten, mit Flüssigkeit angießen und ca. ½ Stunde zugedeckt garen.

2 Gemüse grobblättrig schneiden, Kartoffeln in Scheiben schneiden, Rindermark in kaltem Wasser wässern und ebenfalls in Scheiben schneiden.

3 Den Topfboden mit Rindermarkscheiben belegen, schichtweise das vorgegarte Fleisch, Gemüse und Kartoffeln einsetzen, mit Brühe begießen, restliche Markscheiben auflegen, aufkochen, zugedeckt im Ofen ca. 60 Minuten fertig garen (nicht umrühren).

4 Anrichten, mit gehackter Petersilie bestreuen.

Eieromelette

3 Eier mit einer Prise Salz aufschlagen. In einer Omelettepfanne Butter vorsichtig erhitzen. Eimasse unter Rühren erhitzen. Eimasse muß kremig, weich bleiben.

Omelette zur Mitte einschlagen. Eventuell mit einer gewünschten Füllung versehen und einklappen. Zur Füllung eignen sich Ragouts, Champignons, Spargel.

Ein Omelette sollte weich, glatt und ungebräunt sein. Zur Garnitur eignen sich geschmolzene Tomaten.

Pochierte Eier Florentiner Art

Essigwasser zum Sieden bringen. Eier in Schälchen aufschlagen und in das siedende Wasser gleiten lassen.

Ei vier Minuten garziehen lassen. Mit Schaumkelle entnehmen und die abstehenden Eiweißteile entfernen. In leichtem Salzwasser warmhalten.

Die wachsweichen Eier auf einem Sockel mit angeschwitzem Blattspinat anrichten. Mit Mornaysoße im Salamander überbacken.

Warenkorb – Fische

- Ziel der Verarbeitung: Verarbeiten von Süß- und Salzwasserfischen

- Verwendung von: Forelle, Zander, Hecht, Seezunge, Rotbarsch, Seelachs

- Vorbereitung: 3-S-Regel

- Filetieren / Portionieren

- Zubereitung: Pochieren / Dünsten, Braten, Fritieren, Grillen,
  Kochen / Garziehen im Fischsud

- Anrichteweise

Beispiele zur Verwendung:

– Forelle –	im Ganzen gebraten, frittiert oder im Fischsud gar ziehen lassen	– Seezunge –	Seezungenfilet pochiert
	Forellenfilets, pochiert oder gebraten		Seezungenröllchen pochiert
	Forellenröllchen, gefüllt und pochiert		Seezungenfilet gebraten
– Zander –	Zanderfilet gebraten		Seezunge im Ganzen gebraten
	Zanderfilet pochiert		Seezunge im Ganzen frittiert
	Zanderfilet frittiert	– Rotbarsch –	Filets pochiert
– Hecht –	Hechttranchen (Scheiben) gebraten	– Seelachs –	Filets gebraten
	Hechtfilet pochiert		Filets frittiert
	Hechtfilet frittiert		Filets gratiniert

3-S-Regel

Säubern

Ganze Fische werden geschuppt, ausgenommen und gewaschen, Fischfilets werden nur gewaschen.

Geschuppt werden Fische nur, wenn die Haut mitgegessen wird. Bei den Fischen, die „blau" gekocht werden, darf keinesfalls geschuppt werden, weil dann auch der Schleim auf der Fischhaut entfernt wird, der beim Übergießen mit heißem Essigwasser oder beim Sieden in Wasser mit Essig das Blauwerden bewirkt.

Das Schuppen muss stets vor dem Ausnehmen erfolgen. Geschuppt wird am besten, indem man den Fisch unter Wasser hält, damit die Schuppen nicht herumfliegen, und zwar mit dem Messerrücken oder mit einem stumpfen Messer, vom Schwanzende zum Kopf hin.

Das Ausnehmen geschieht durch einen scharfen Schnitt, der am Ausgang des Darmes angesetzt und in Kopfrichtung geführt wird.

Gewaschen werden Fische und Fischfilets unter fließendem Wasser. Sie sollen nicht im Wasser liegen.

Fische, vor allem Süßwasserfische zum Blaukochen, müssen besonders vorsichtig gewaschen werden, damit der Schleim haften bleibt.

Säuern

Fische oder Fischfilets werden mit Essig oder Zitronensaft beträufelt. Die Säure dient der Geschmacksverbesserung und macht das Fischfleisch fester. Außerdem wird der Fischgeruch vermindert.

Bei tiefgefrorenen Fischfilets dient das Säuern nicht der Geruchsbindung, denn Tiefkühlfisch ist nahezu geruchlos. Die Säure dient lediglich der Festigung des Fleisches und der Geschmacksabrundung.

Salzen

Gesalzen wird der Fisch erst kurz vor der Zubereitung, damit dem lockeren Fischgewebe nicht unnötig Flüssigkeit entzogen wird.

Grundzubereitungen für Fische

Pochieren/Dünsten

Verwendung:	Haut- und grätenlose Fischfilets aller Fische, kleine Portionsfische, Fischscheiben (Tranchen) mit Gräten.
Arbeitstechnik:	Kochgeschirr mit Zwiebelbrunoise bestreuen, andünsten, den vorbereiteten Fisch würzen, einsetzen, mit Wein oder Fischfond begießen, mit Deckel oder Folie abdecken, unter dem Siedepunkt garen.

Braten

Verwendung:	Filets aller Fische mit festem Fleisch, kleine Platt- und Portionsfische, Fischscheiben (Tranchen).
Arbeitstechnik:	Vorbereitete Fische würzen und in Mehl wenden, in der Pfanne mit heißem Fett langsam braten, Temperatur regulieren, in Butter nachbraten.

Frittieren

Verwendung:	Filtes von Fischen mit festem Fleisch, ohne Gräten, kleine Platt- und Portionsfische
Arbeitstechnik:	Vorbereitete Fische würzen, mit der entsprechenden Umhüllung versehen, Fischfilet bei 170°C ausbacken, bei größeren Fischstücken Temperatur auf 150°C bis 160°C einstellen, abtropfen, sofort servieren.

Grillen

Verwendung:	Kleine Portionsfische mit festem Fleisch, Fleischscheiben (Tranchen) mit festem Fleisch.
Arbeitstechnik:	Vorbereitete Fische würzen, mit Öl bestreichen, auf heißen Rost/Grill legen, dabei sofortige Eiweißgerinnung, Fische mehrmals wenden, trocken anrichten.

Kochen/Garziehen im Fischsud

Verwendung: Ganze Fische,
Fischscheiben,
Fische zum Blaukochen.

Arbeitstechnik: Fischsud (Court-bouillon) herstellen (Wasser, Salz, evtl. weißes Mirepoix, Pfefferkörner).
Sud darf nicht zu stark im Eigengeschmack sein.
Vorbereitete Fische einlegen und garziehen lassen.

Filetieren von Plattfischen

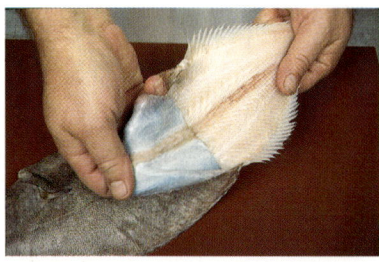

Haut am Schwanzende einschneiden und kräftig abziehen.

Von der Mittelgräte aus, die Filets vom Kopf her ablösen.

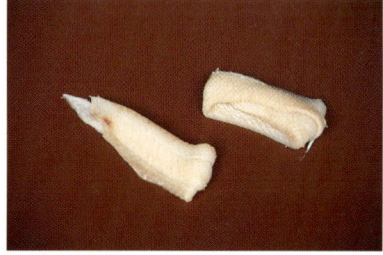

Die beiden abgelösten oberen Filets, rechts daneben die Seezunge mit der Mittelgräte und den darunterliegenden Unterfilets.

Die Filets können entsprechend zusammengeklappt werden.

Auch Schleifen oder Röllchen können geformt und später so pochiert werden.

Pochieren von Plattfischfilets

Seezungenfilets in Dillsoße, Safrannudeln

**Material-
anforderung
für
5 Portionen**

Seezunge:

Menge	Material
750 g	Seezungenfilets
30 g	Butter
50 g	Zwiebelbrunoise
0,1 l	Weißwein
0,1 l	Fischfond
	Gewürze: Salz, Pfeffer, Zitronensaft

Fischfond:

Menge	Material
300 g	Fischgräten/Abschnitte
20 g	Butter
100 g	helles Mirepoix
0,1 l	Weißwein
0,5 l	Wasser
	Gewürze: Salz, Lorbeer, Pfeffer-körner, Thymian

Dillsoße:

Menge	Material
0,5 l	Pochierfond
70 g	Mehlbutter
1	Eigelb
0,1 l	Sahne
2 EL	Dill, fein geschnitten
	Gewürze: Salz, Pfeffer, Zitronensaft

Safrannudeln:

Menge	Material
250 g	Mehl
max. 0,1 l	Wasser, lauwarm
2	Eier
1 EL	Öl
2 g	Safran
	Gewürze: Salz
30 g	Butter

Arbeitsweise

1 Seezungen abziehen, filetieren, waschen.
2 Aus Gräten, Mirepoix, Weißwein und Wasser Fischbrühe/-fond herstellen.
3 Seezungen formen (Schleifen, Röllchen usw.), auf gedünstete Zwiebelbrunoise setzen, mit Weißwein und Fischfond zugedeckt pochieren.
4 Seezungenfilets herausnehmen, Fond mit Mehlbutter binden, passieren, legieren.
5 Seezungenfilets anrichten, mit Soße nappieren.

In Fischfond und Weißwein werden die zusammengelegten Filets gedünstet.

Auf einem warmen Speiseteller mit frischem Dill bestreut anrichten.

Pochieren –
Zubereitung für Fische unter dem Siedepunkt

Pochiertes Forellenfilet mit Gemüsestreifen in Weißweinsoße

Material- anforderung für 5 Portionen	Menge	Material
	700 g	Forellenfilet
	40 g	Butter
	50 g	Zwiebeln
	0,2 l	Weißwein
	0,2 l	Fischfond
		(aus den Gräten herstellen)
	60 g	Mehlbutter (beurre manie)
	0,1 l	Sahne
	1	Eigelb
		Gewürze: Salz, Zitronensaft, weißer Pfeffer
	Garnitur	
	200 g	Lauch
	200 g	Karotten
	200 g	Sellerie
	60 g	Butter
	0,1 l	Wasser
		Gewürze: Salz, weißer Pfeffer

Arbeitsweise

1 Forellenfilets nach der 3-S-Regel vorbereiten, waschen.
2 In ein gebuttertes Geschirr mit gedünsteter Zwiebelbrunoise legen, mit Weißwein und Fischfond begießen.
3 Zugedeckt pochieren.
4 Fisch herausnehmen, Fond mit Mehlbutter binden, passieren, legieren.
5 Forellenfilets anrichten, mit der Soße nappieren, gedünstete Gemüsestreifen als Garnitur verwenden.

Vom Kopf aus wird auf der Mittelgräte entlang das Filet abgelöst.

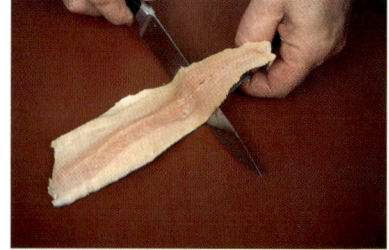

Zwischen Haut und Filet wird eingeschnitten und das Filet sauber abgetrennt.

Rotbarschfilet Orly

Material-anforderung für 5 Portionen	Menge	Material
	800 g	Rotbarschfilet *Gewürze:* Salz, weißer Pfeffer Zitronensaft *Garnitur:* gebackene Petersilie, Zitronenstücke.

Bierteig

Menge	Material
250 g	Mehl
0,2 l	Bier
30 g	Öl
2	Eigelb
2	Eiweiß
	Gewürze: Salz, Zucker.

Tomatensoße

Menge	Material
80 g	Speck
40 g	Fett
100 g	Mirepoix
40 g	Mehl
500 g	Tomaten
40 g	Tomatenmark
0,75 l	Brühe
	Gewürze: Salz, weißer Pfeffer, Knoblauch, Oregano, Zucker, Essig, Lorbeerblatt, Basilikum, Thymian.

Arbeitsweise
1 Rotbarschfilet nach 3-S-System vorbereiten.
2 Filets würzen und säuern, in Mehl wenden.
3 Durch den Ausbackteig (Bierteig) ziehen.
4 In Fett backen (frittieren).
5 Auf Gitter abtropfen und trocken auf Papiermanschette anrichten.
6 Mit gebackener Petersilie und Zitronenstücken garnieren, Tomatensoße extra servieren (à part).

Gebratenes Zanderfilet Doria

Material-anforderung für 5 Portionen	Menge	Material
	750 g	Zanderfilet
	80 g	Öl
	70 g	Mehl
	100 g	Butter
		Gewürze: Salz, weißer Pfeffer, Zitronensaft.
	Garnitur	
	400 g	Salatgurken
	60 g	Butter
	3	Zitronen
	1 TL	gehackte Petersilie
		Gewürze: Salz, weißer Pfeffer.

Arbeitsweise

1 Zanderfilets enthäuten, waschen, evtl. in Tranchen schneiden.
2 Würzen, in Mehl wenden.
3 In Öl kurz und scharf anbraten, Fett abgießen.
4 In Butter langsam fertigbraten.
5 Salatgurken tournieren, in Butter vorsichtig al dente glasieren.
6 Zitronen filetieren und mit den Gurken kurz anschwenken, mit gehackter Petersilie bestreuen und mit Butter begießen.

Seelachsfilet Florentiner Art im Kartoffelrand

Material-	Menge	Material
anforderung	800 g	Seelachsfilet
für	30 g	Butter
5 Portionen	50 g	Zwiebelbrunoise
	0,2 l	Weißwein
	0,2 l	Fischsud
	700 g	Blattspinat, frisch
	30 g	Butter
	50 g	Zwiebelbrunoise
	750 g	Kartoffeln, ohne Schale
	0,15 l	Milch
	50 g	Butter
	0,5 l	Mornaysoße
	50 g	Parmesankäse
	1	Eigelb zum Bestreichen
	20 g	Butter
		Gewürze: Salz, weißer Pfeffer, Zitronensaft, Muskat.

Arbeitsweise

1 Seelachsfilet nach dem 3-S-System vorbereiten.
2 Fischfilets in ein gebuttertes Geschirr mit Zwiebelbrunoise legen, mit Weißwein und Fischfond begießen.
3 Seelachsfilets pochieren, bei 220°C etwa 10 Minuten.
4 Kartoffelpüree auf eine Platte (feuerfeste Form) oder Teller dressieren (mit Eigelb bestreichen), Zwiebelbrunoise in Butter sautieren (anschwitzen), Blattspinat dazugeben, würzen und in den gespritzten Kartoffelrand geben.
5 Seelachsfilets auf den Spinat legen, mit Mornaysoße nappieren (überziehen).
6 Mit geriebenen Parmesankäse bestreuen, mit Butter beträufeln und gratinieren (überbacken).

Filet immer schräg schneiden.

Filets in Form einsetzen.

Mit Käsesoße überziehen.

Im Salamander überbacken.

Seezunge Colbert

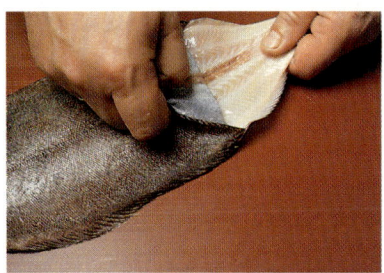

Haut vom Schwanzende abziehen.

Kopf abtrennen.

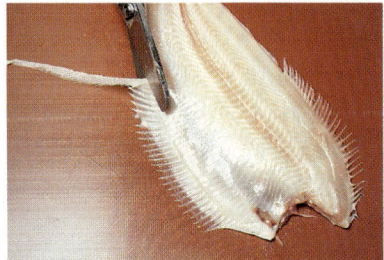

Flossensaum entfernen.

Innereien entnehmen.

Material-anforderung für 1 Portion	Menge	Material
	400 g	Seezunge
	40 g	Mehl
	1	Ei
	60 g	Semmelbrösel (Mie de Pain)
	50 g	Colbertbutter
		Gewürze: Salz, Zitronensaft.
		Garnitur: gebackene Petersilie, Zitronenstücke.

Arbeitsweise

1 Der Seezunge die Haut vom Schwanz zum Kopf abziehen.
2 Kopf mit rundem Schnitt abtrennen, Flossensaum entfernen.
3 Filets halb auslösen.
4 Filets zurückschlagen, Tasche bilden.
5 Gräten am Kopf und Schwanz einschneiden.
6 Seezunge von allen Seiten panieren und frittieren.
7 Gräte herausziehen, Öffnung mit Colbertbutter (Kräuterbutter mit Fleischextrakt) füllen.

Filets von der Mitte aus lösen.

Mittelgräte einschneiden.

Gräte entfernen.

Mit Butter füllen.

Hummer

Hummer halbieren.

Mageninhalt entfernen.

Hummermark auslöffeln.

Schwanzfleisch entnehmen.

Darmfaden entfernen.

Scherenfleisch ausbrechen.

Arbeitsweise

Lebende Hummer werden zuerst in kochendem Wasser getötet. Zum Sautieren können sie dann zerlegt werden.

Zum Kochen für Salate oder Kalte Platten 10 Liter Wasser mit 150 g Salz aufkochen und den Hummer einlegen. Nach dem Aufkochen die Hitze reduzieren und den Hummer auf kleiner Flamme garziehen lassen. Für einen Hummer von 500 g ist eine Garzeit von 20 Minuten anzusetzen. Ein Hummer mit einem Gewicht von 1000 g ist ca. 30 bis 35 Minuten zu garen.

Für den Einsatz auf Schauplatten ist der Hummer auf ein Brett zu binden, damit er die Form behält.

Der nach dem Kochen eingerollte Schwanz ist ein Zeichen für Frische. Zur Weiterverarbeitung des gekochten Hummers die Scheren ausbrechen, den Körper halbieren. Aus dem Kopf den Magen, aus dem Schwanz den Darmfaden entfernen. Das Hummermark für Ragouts weiterverwenden.

Hummer Thermidor

Material- anforderung für 2 Portionen	Menge	Material
	1	Hummer mit 700 g
	0,2 l	Fischgrundsoße
	0,1 l	süßer Rahm
	1	Eigelb
	10 g	englischer Senf
	20 g	Butter
		Gewürze: Salz, weißer Pfeffer, Weißwein, Kräuter.

Arbeitsweise

1 Hummer kochen, in Fond erkalten lassen.
2 Schwanzfleisch und Scheren ausbrechen und in Scheiben schneiden.
3 Fischgrundsoße mit englischem Senf, Sahne, Eigelb und Butter montieren.
4 Hummerfleisch in Butter anschwitzen, mit der Soße zu einem Ragout
   vermengen.
5 Hummerragout in die Karkasse füllen, mit restlicher Soße überziehen,
   gratinieren und mit frischen Kräutern bestreuen.

Hummersalpikon mit frischen Champignons in Sahnesoße in einem Blätterteigpastetchen überbacken.

Hummerragout mit Gemüsestreifen und Steinchampignons (Egerlinge), Reistambale.

Warenkorb – Haus- und Wildgeflügel

– Ziel der Verarbeitung:
   Verwendung von: Stubenküken, Hähnchen, Poularden, Enten, Fasan

– Vorbereitung:
   Bridieren, Bardieren (für die Zubereitung von ganzem Geflügel),
   Auslösen, Zerlegen, Bardieren (für die Zubereitung von Geflügelteilen)

– Zubereitung: Kurzbraten, Braten, Frittieren, Dünsten, Schmoren

– Anrichteweise

Beispiele zur Verwendung:

– Stubenküken –	gebraten ausgelöst und gefüllt gebraten		Poulardenbrust gebraten oder gedünstet
– Hähnchen –	im Ganzen gebraten, portioniert		Geschnetzeltes von der Poulardenbrust
	Wiener Backhuhn	– Ente –	im Ganzen gebraten, ausgelöst
	Hühnerbrust gebraten		Entenbrust gebraten
	Geschnetzeltes von der Hühnerbrust	– Fasan –	im Ganzen gebraten, ausgelöst
– Poularde –	im Ganzen gebraten, ausgelöst		Fasanenbrust gebraten
	Poulardenkeulen geschmort		

Gebratene Ente

Material-anforderung für 4 Portionen	Menge	Material
	2500 g	Ente/Flugente (1 Stück)
	150 g	Zwiebeln
	150 g	Äpfel
	200 g	Mirepoix
	0,4 l	braune Brühe
		Gewürze: Salż, Pfeffer, Beifuß.

Arbeitsweise

1 Ente innen und außen würzen, Zwiebeln und Äpfel in grobe Würfel schneiden und mit Beifuß in die Ente füllen.
2 Ente bridieren und in ein Rôtissoire geben, mit wenig Wasser begießen und bei 220 °C in den Ofen schieben.
3 Unter mehrmaligem Begießen im Ofen bei 180 °C knusprig braten, Mirepoix zugeben.
4 Die Ente aus der Bratpfanne nehmen, Fett abgießen, Bratensatz mit braunem Fond auffüllen, kochen und reduzieren, Soße abschmecken und passieren.
5 Ente auslösen, anrichten, Soße extra geben.

Zutaten bereitstellen.

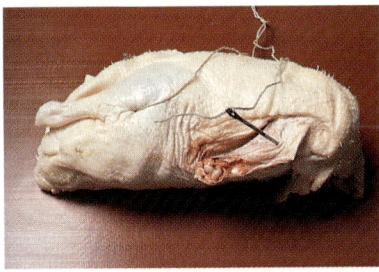

Bridieren – Binden.

Schenkel entfernen.

Brustfleisch tranchieren.

Wiener Backhendl
(Wiener Backhuhn)

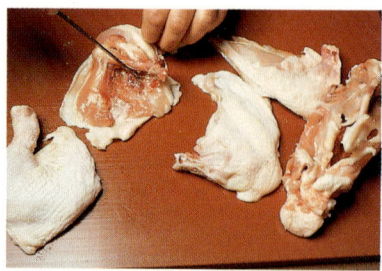 

Material-anforderung für 5 Portionen	Menge	Material
	2,5	Hähnchen (à 1100 g)
	100 g	Mehl
	3	Eier
	150 g	Semmelbrösel (Weißbrotkrumen)
		Gewürze: Salz, weißer Pfeffer, Zitronensaft, Paprika.
		Garnitur: gebackene Petersilie, Zitronenstücke, Tomatenecken.

Arbeitsweise

1 Keulen, ohne Schlussknochen, abtrennen, Oberschenkelknochen auslösen.
2 Hühnerbrüste an der Karkasse ablösen, Flügelknochen unausgelöst lassen.
3 Hühnerteile würzen, panieren und fest andrücken.
4 In der Fritteuse bei 140°C–160°C ca. 15–20 Minuten goldgelb backen.
5 Auf saugfähiger Unterlage abtropfen, Petersilie frittieren und entsprechend garnieren.

Schmoren von Geflügel – Geschmorte Poulardenkeulen in Paprikasoße

Material- anforderung für 4 Portionen	Menge	Material
	1000 g	Poulardenkeulen (4 Stck.)
	40 g	Fett (Öl)
	80 g	Speck
	100 g	Zwiebeln
	0,5 l	helle Brühe
	80 g	Mehlbutter (beurre manie)
	150 g	Paprikastreifen für die Garnitur
	30 g	Butter
	0,1 l	Sahne
		Gewürze: Salz, Pfeffer, Knoblauch, Paprikapulver

Arbeitsweise

1 Poularden auslösen, Schenkelknochen an den Keulen auslösen, Haxen-knochen putzen (nicht auslösen).

2 Keulen würzen, anbraten, ausstechen, warmstellen.

3 Speck- und Zwiebelbrunoise anschwitzen, mit Paprikapulver bestäuben (evtl. 30 g Tomatenmark für die Farbe zugeben).

4 Mit Brühe auffüllen, Keulen einlegen, in der Röhre schmoren.

5 Paprikaschoten in Streifen (Julienne) schneiden, in Butter dünsten, warm-stellen.

6 Keulen ausstechen, Fond mit Mehlbutter binden.

7 Soße mit Sahne verfeinern, Keulen anrichten, mit Soße nappieren, Keulen mit den Paprikastreifen garnieren.

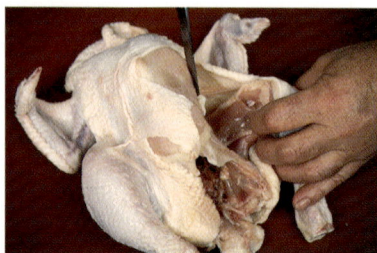

Poulardenkeulen mit einem scharfen Messer abtrennen.

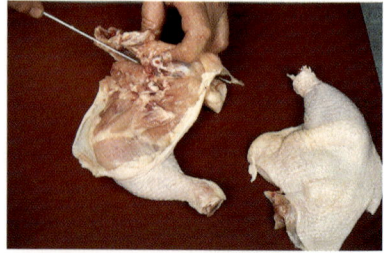

Den Schlussknochen im Gelenk durchtrennen und entfernen

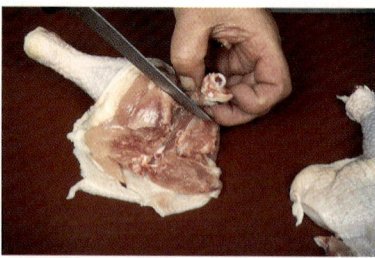

Oberschenkelknochen herauslösen.

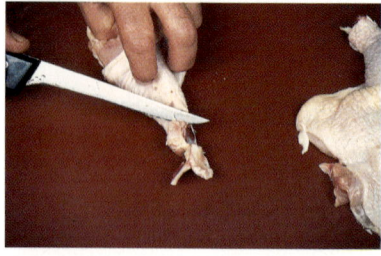

Gelenkknochen am Unterschenkel abschneiden.

Gewürzte Keulen anbraten.

Keulen im Soßenansatz gar schmoren.

Geschmorte Poulardenkeule mit Garnitur anrichten und beispielsweise Teigwaren dazu servieren.

Kurzbraten von Geflügel – Gebratene Poulardenbrust in Sherryrahmsoße

Poulardenbrust mit Soße überziehen und mit Champignonstücken garnieren. Als Beilage beispielsweise ein Kräuterrisotto.

Material-anforderung für 4 Portionen	Menge	Material		
	800 g	Poulardenbrust		
	400 g	Geflügelknochen	}	brauner Fond
	150 g	Mirepoix		
	30 g	Fett		
	20 g	Tomatenmark		
	0,5 l	braune Brühe		
	50 g	Butter		
	0,1 l	Sherry		
	0,2 l	brauner Geflügelfond		
	0,1 l	Sahne		
	50 g	Mehlbutter		
		Gewürze: Salz, Pfeffer		

Arbeitsweise

1 Poularde auslösen, Flügelknochen an der Brust nicht auslösen.
2 Aus den Knochen einen braunen Fond ansetzen.
3 Brust in Butter kurzbraten, herausnehmen, warmstellen.
4 Bratensatz mit Sherry ablöschen, mit braunem Fond auffüllen, einkochen.
5 Mit Sahne verfeinern (montieren).
6 Poulardenbrust tranchieren, anrichten, entweder auf Soßenspiegel oder mit Soße nappieren, mit entsprechenden Beilagen anrichten.

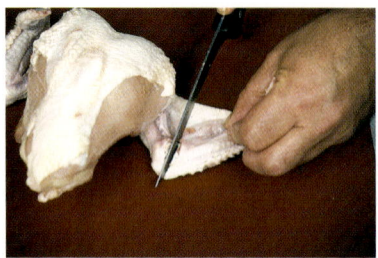

Poulardenbrust auslösen, hierzu die Flügelenden abschneiden.

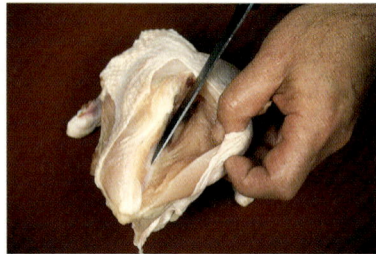

Am Brustknorpel einschneiden und eine Brusthälfte ablösen.

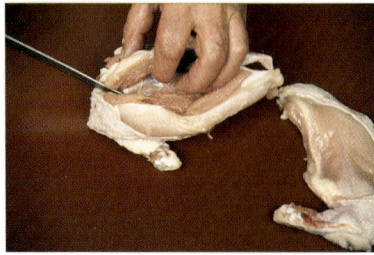

Die zweite Brusthälfte ebenfalls vom Brustknorpel lösen.

Gewürzte Poulardenbrüste in der Pfanne braten.

Gebratene Poularde

Material- anforderung für 4 Portionen	Menge	Material
	2000 g	Poularde (1 Stück)
	60 g	Fett
	200 g	Mirepoix
	0,4 l	braune Brühe
	30 g	Butter
		Gewürze: Salz, weißer Pfeffer.

Arbeitsweise

1 Poularde innen und außen würzen, bridieren.
2 Fett in einer Bratpfanne erhitzen und Poularde auf beiden Seiten im Ofen
   bei 220°C anbraten.
3 Bratgut auf den Rücken legen und bei 180°C fertig braten, mehrmals begießen, Mirepoix zugeben.
4 Die Poularde aus der Bratpfanne nehmen, Fett abgießen, Bratensatz mit
   braunem Fond ablöschen und aufkochen, reduzieren, Soße abschmecken,
   passieren und mit Butter montieren.
5 Poularde auslösen, anrichten, Soße extra geben.

Fasan nach Winzerinart

Material-anforderung für 2 Portionen	Menge	Material
	1	Fasan
	80 g	unbehandelter Speck
	50 g	Mirepoix
	0,2 l	Wildfond
	0,1 l	Rotwein
	20 g	Butter
		Gewürze: Salz, Pfeffer, Cognac.
	Garnitur	
	200 g	Weintrauben
	20 g	Butter
		Gewürze: Zucker, Cognac.

Arbeitsweise

1 Fasan innen und außen würzen, bridieren, mit eingeritzten Speckscheiben bardieren.

2 Fasan in heißem Fett ca. 15 Minuten von allen Seiten anbraten.

3 Mirepoix zugeben und weitere 10 Minuten braten, das Fleisch soll an der Carcasse (Knochengerüst) noch rosa sein.

4 Fasan herausnehmen, warmstellen, den Bratensatz glacieren, mit Rotwein ablöschen, mit Wildfond auffüllen, reduzieren.

5 Fasan auslösen, evtl. in Butter nachbraten, Soße passieren, mit frischer Butter montieren und Cognac abschmecken.

6 Trauben halbieren, entkernen, in Butter und Zucker glacieren, mit Cognac abflämmen.

7 Fasan auf Ananaskraut anrichten, mit Röstspeck und Weintrauben garnieren, Soße extra servieren.

Zutaten bereitstellen.

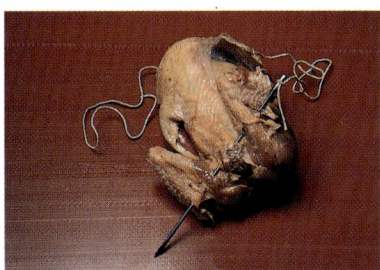

Bridieren – Binden.

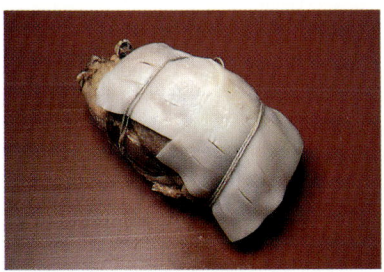

Mit grünem Speck bardieren.

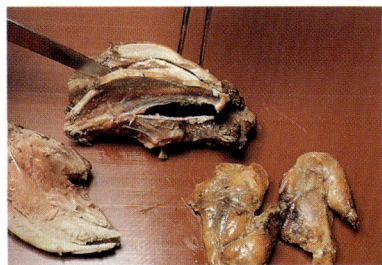

Tranchieren – Zerlegen.

Kurzbratgerichte von Wildgeflügel

Fasanenbrust nach Winzerinart, Rahmsoße, Ananaskraut, Kartoffelpüree

Material-anforderung für 4 Portionen	*Fasanenbrust:*	
	Menge	Material
	2 Stck.	Fasane (à 700 g – 800 g)
	50 g	Fett
	80 g	unbehandelter Speck
	40 g	Butter
		Gewürze: Salz, Pfeffer
	Rahmsoße:	
	Menge	Material
	300 g	Fasanenknochen (Knochengerüst)
	40 g	Öl
	50 g	Speck, geräuchert
	200 g	Mirepoix
	0,1 l	Rotwein
	0,5 l	Wildfond
	40 g	Mehlbutter
	1 cl	Cognac
	30 g	Butter zum Montieren
	0,1 l	Sahne
		Gewürze: Salz, Pfefferkörner, Wacholderbeeren, Lorbeerblatt, Thymian, Piment, Rosmarin

Material-	*Garnitur zum Fasan:*	
anforderung	Menge	Material
für		
4 Portionen	300 g	Weintrauben
	30 g	Butter
	2 Scheiben	Weißbrot für Croûtons
		Gewürze: Zucker, Cognac

Ananaskraut:	
Menge	Material
400 g	Sauerkraut
30 g	Schweineschmalz
50 g	Zwiebeljulienne
50 g	Äpfeljulienne
0,1 l	Weißwein
0,1 l	Ananassaft
50 g	Kartoffeln zum Binden
30 g	Ananasstücke
	Gewürze: Salz, Pfeffer, Zucker
	Gewürzbeutel: Lorbeer, Piment, Pfefferkörner

Arbeitsweise

1 Fasan auslösen (Keulen abtrennen – Brust am Knochengerüst auslösen), mit dünnen Speckscheiben die Brüste umwickeln (bardieren).

2 Aus Fasanenknochen und den restlichen Zutaten die Wildsoße herstellen.

3 Ananaskraut ansetzen (Zwiebel- und Äpfeljulienne in Schmalz anschwitzen, Sauerkraut zugeben, mit Flüssigkeit auffüllen, würzen, Kraut dünsten, vor Garende das Kraut mit geriebenen Kartoffeln binden, Ananasstreifen als Garnitur unterziehen).

4 Weintrauben halbieren, entkernen, Weißbrotstreifen in Butter rösten (Croûtons).

5 Fasanenbrust in Fett anbraten, in der Röhre mit Butter langsam fertig braten (Brust soll im Kern noch rosa sein).

6 Kartoffelpüree herstellen, evtl. warmstellen.

7 Weintrauben in Butter mit Zucker glacieren, mit Cognac abschmecken.

8 Wildsoße mit Sahne und Butterflocken verfeinern (montieren).

9 Soßenspiegel auf den Teller geben, Brust tranchieren, mit den Garnitur-bestandteilen bestreuen, Beilagen entsprechend anrichten.

Warenkorb – Wild

– Ziel der Verarbeitung:

Verwendung von: Hasenkeulen, Hasenrücken, Hirschkeule, Rehrücken,
Rehschulter

– Vorbereitung:

Auslösen, Zuschneiden, Häuten, Parieren, Spicken, mit Speck umwickeln,
Beizen, Marinieren

– Zubereitung:

Kurzbraten, Braten, Schmoren
Soßenherstellung

– Anrichteweise

Beispiele zur Verwendung:

– Hasenkeulen – Hasenkeulen
geschmort

– Hasenrücken – im Ganzen rosa
gebraten

Hasenrückenfilet
rosa gebraten

Geschnetzeltes vom
Hasenrücken

– Hirschkeule – Hirschgulasch/
Ragout

Einzelstücke
gebraten oder
geschmort

Hirschsteak

Hirschschnitzel

Hirschroulade

Geschnetzeltes vom
Hirsch

– Rehrücken – Medaillons

Geschnetzeltes vom
Reh

Rehrückenfilets rosa
gebraten

– Rehschulter – ausgelöst und
gerollt, geschmort

Rehschäuferl
geschmort

Rehragout

Geschmorte Hasenkeule

Material- anforderung für 5 Portionen	Menge	Material
	5 Stck.	Hasenkeulen (ca. 1400 g)
	100 g	unbehandelter Speck
	50 g	Fett
	80 g	Räucherspeck
	200 g	Mirepoix
	40 g	Mehl
	0,2 l	Rotwein
	0,6 l	Wildfond
		Gewürze: Salz, Pfefferkörner, Wacholderbeeren, Lorbeerblatt, Thymian, Piment, Rosmarin.

Zutaten bereitstellen.

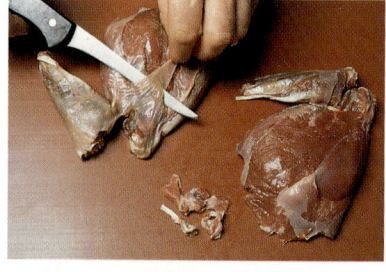

Hasenkeulen abziehen.

Mit eiskaltem Speck spicken.

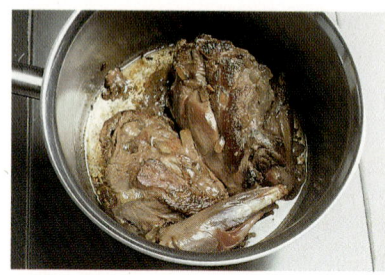

Gewürzte Keulen in heißem Fett anbraten.

Mirepoix und Speck mitrösten, glasieren und mit Mehl bestäuben. Soße glasieren, würzen und Keulen 90 Minuten schmoren.

Keulen ausstechen, Soße passieren und entfetten.

Hirschragout

Material- anforderung für **5 Portionen**	Menge	Material
	1200 g	Hirschfleisch mit Knochen (Brust, Hals, Schulter, Läufe)
	100 g	Fett
	80 g	Räucherspeck
	200 g	Mirepoix
	40 g	Mehl
	0,2 l	Rotwein
	0,6 l	Wildbrühe/Wildbeize
	50 g	Preiselbeeren
		Gewürze: Salz, Pfefferkörner, Wacholderbeeren, Thymian, Rosmarin, Piment, Zitronenschale.

Arbeitsweise

1 Geschnittenes, mariniertes Hirschfleisch abtropfen, trocknen, würzen.
2 In Fett braun rösten, Speck und Mirepoix zugeben, ebenfalls rösten.
3 Mit Mehl bestäuben.
4 Mit Rotwein ablöschen, Wildfond und Beize auffüllen.
5 Abschäumen, zerdrückte Gewürze zugeben.
6 Zugedeckt im Topf schmoren.
7 Ausstechen, Soße über das Fleisch passieren.
8 Abschmecken.

Gespickter Hasenrücken mit Wildrahmsoße

Material-anforderung für 2 Portionen	Menge	Material
	650 g	Hasenrücken
	60 g	unbehandelter Speck
	50 g	Fett
	20 g	Butter zum Nachbraten
		Gewürze: Salz, Pfeffer, zerdrück-te Wacholderbeeren, Rosmarin, Thymian.
Wildrahmsoße für 5 Portionen = ½ l	300 g	Wildknochen
	50 g	Fett
	200 g	Mirepoix
	30 g	Mehl
	0,1 l	Rotwein
	0,4 l	Wildfond
	0,2 l	Sahne
	60 g	Preiselbeeren
		Gewürze: Salz, Pfeffer, Wachol-derbeeren, Thymian, Rosmarin, Zitronenzeste.

Arbeitsweise

1 Hasenrücken enthäuten, parieren, mit feinen Speckstreifen spicken.
2 Rücken würzen und in heißem Fett rosa braten, in Butter nachbraten.
3 Bratensatz ablöschen und mit Wildsoße verkochen, passieren und extra servieren.

Wildrahmsoße
1 Kleingehackte Wildknochen und Parüren in Fett anrösten.
2 Mirepoix zugeben und ebenfalls rösten.
3 Mit Mehl bestäuben und rösten.
4 Mit Rotwein ablöschen und kalter Wildbrühe auffüllen, aufkochen, abschäumen, Gewürze zugeben, auskochen.
5 Soße passieren, mit Preiselbeeren und Sahne verfeinern, evtl. den abgelöschten Bratensatz zugeben.

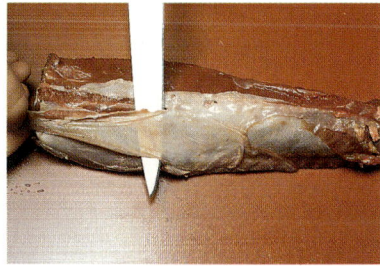

Silberhaut entfernen.

Am Rückenknochen einschneiden.

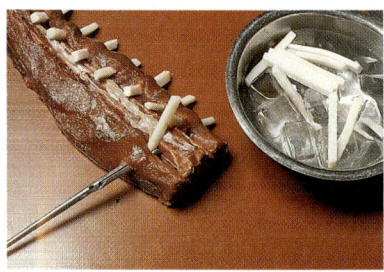

Mit Speckfäden spicken.

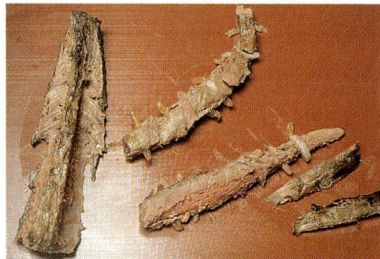

Filets ablösen.

Hasenrückenfilet mit Wildrahmsoße, Speckrosenkohl, Kartoffelnudeln

Material-anforderung für 4 Portionen	*Hasenrückenfilet:*

Menge	Material
1300 g	Hasenrücken, ganz
60 g	Speck zum Bardieren
50 g	Fett
40 g	Butter
	Gewürze: Salz, Pfeffer, evtl. Rosmarin

Wildrahmsoße:

Menge	Material
300 g	Wildknochen (Hasenrücken)
50 g	Fett
200 g	Mirepoix
30 g	Mehl
0,1 l	Rotwein
0,4 l	Wildfond / brauner Fond
0,1 l	Sahne
60 g	Preiselbeeren
	Gewürze: Salz, Pfeffer, Wacholderbeeren, Rosmarin, Thymian, Zitronenzeste

Rosenkohl:

Menge	Material
800 g	Rosenkohl, ungeputzt
60 g	Räucherspeck
50 g	Zwiebelbrunoise
30 g	Butter
	Gewürze: Salz, Muskat, Pfeffer

Material-anforderung für 4 Portionen	*Kartoffelnudeln:*	
	Menge	Material
	1000 g	Kartoffeln mit Schale
	2 Stck.	Eigelb
	50 g	Stärke (Kartoffelmehl)
		Gewürze: Salz, Muskat
	40 g	Fett zum Braten

Arbeitsweise

1 Hasenrücken abziehen, auslösen, mit Speck bardieren.

2 Aus Wildknochen und Parüren Wildsoße herstellen.

3 Rosenkohl putzen, in Salzwasser im Tuch kochen.

4 Kartoffeln kochen, abdämpfen, zu Duchessemasse verarbeiten, in fingerdicke Nudeln formen.

5 Hasenrückenfilet in Fett anbraten, in Butter fertig braten (Fleisch soll im Kern rosa sein).

6 Rosenkohl mit Speck- und Zwiebelbrunoise anschwitzen, warmstellen.

7 Fingernudeln in wenig Fett goldgelb braten.

8 Soßenspiegel auf den Teller geben, Fleisch tranchieren, Beilagen entsprechend anrichten.

Geschnetzeltes vom Hasen-rücken mit Champignonsoße

Geschnetzeltes mit Beilage wie beispielsweise Nudeln anrichten und mit einem Löffel Preiselbeerkompott garnieren.

Material-anforderung für 6 Portionen	Menge	Material
	900 g	Hasenrücken, ausgelöst
	60 g	Fett
	50 g	Zwiebelbrunoise
	40 g	Butter
	300 g	Pilze / Champignons
	0,1 l	Rotwein
	0,4 l	Wildfond
	0,1 l	Sahne
	2 EL	Kräuter
	100 g	Crème fraîche als Garnitur
		Gewürze: Salz, Pfeffer, Rosmarin

Material-anforderung von Wildfond/brühe für ca. 0,5 Liter	Menge	Material
	400 g	Wildknochen / Parüren
	50 g	Fett
	200 g	Mirepoix
	0,1 l	Rotwein
	0,6 l	braune Brühe
		Gewürze: Salz, Pfefferkörner, Wacholderbeeren, Rosmarin, Zitronenzeste, Thymian

Arbeitsweise

1 Hasenrücken auslösen, abziehen, in dünne Scheiben schneiden.
2 Aus Rückenknochen und Parüren Wildfond herstellen.
3 Fleischscheiben schnell und scharf anbraten, würzen, aus der Pfanne nehmen.
4 Zwiebelbrunoise mit Butter in der Bratpfanne anschwitzen, Pilze zugeben, mit Rotwein ablöschen, reduzieren.
5 Mit Wildfond auffüllen und mit Sahne verkochen, reduzieren.
6 Fleisch zugeben, mit der Soße vermengen, abschmecken mit Kräutern, anrichten.

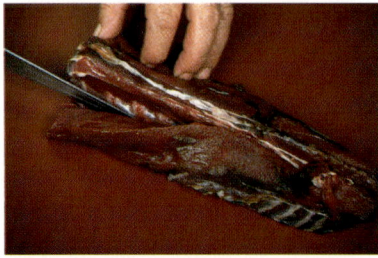

Hasenrückenfilets entlang des Rückrat-
knochens herauslösen.

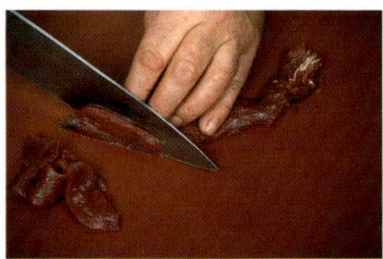

Filets in feine Scheibchen schneiden.

Die geschnetzelten Filetstücke scharf
anbraten und aus der Pfanne nehmen.

In der Pfanne die Soße zubereiten.

Die angebratenen Fleischstücke zurück
in die Soße geben.

Fleisch und übrige Zutaten in der Pfanne
vermischen, nicht mehr kochen lassen.

Warenkorb – Kalb

– Ziel der Verarbeitung:

Verwendung von: Schulter, Haxe, Sattel, Kotelett, Oberschale, Kleine Nuss, Leber

– Vorbereitung:

Auslösen, Parieren, Zuschneiden, Portionieren

– Zubereitung:

Auswahl des Garverfahrens / Zubereitungshinweise:
z.B. Braten, Kurzbraten, Grillen, Schmoren, Dünsten, Kochen
Soßenherstellung

– Anrichteweise

Beispiele zur Verwendung:

– Kalbsschulter –	Kalbsrahmbraten	– Kalbsober- schale –	Kalbsschnitzel
	Kalbsfrikassee		gefülltes Schnitzel z. B. Cordon bleu, Saltimbocca
	Kalbsblankett		
	Kalbsgulasch		
			Kalbsröllchen
– Kalbshaxe –	im Ganzen gebraten/geschmort	– Kalbsleber –	Scheiben gebraten
	Kalbshaxenscheiben geschmort		geschnetzelte Kalbsleber
	Kalbsragout		
– Kalbssattel –	Geschnetzeltes Kalbfleisch		
	Medaillons		
	Kalbssteak		

Geschnetzeltes Kalbfleisch

Kalbsgeschnetzeltes mit einem Löffel Sauerrahm garnieren und beispielsweise mit Kartoffelrösti anrichten.

Material-anforderung für 5 Portionen	Menge	Material
	750 g	Kalbfleisch (Rücken, Filet, Keule)
	50 g	Fett
	60 g	Zwiebelbrunoise
	200 g	Champignons
	0,1 l	Weißwein
	0,1 l	Sahne
	0,4 l	Sauce Demiglace
	100 g	Crème double als Garnitur
		Gewürze: Salz, Pfeffer

Arbeitsweise

1 Kalbfleisch in dünne Scheiben schneiden.
2 Fleischscheiben schnell und scharf anbraten, würzen, aus der Pfanne nehmen.
3 Zwiebelbrunoise mit Butter in der Bratpfanne anschwitzen, in Scheiben geschnittene Champignons zugeben, mit Weißwein ablöschen, reduzieren, mit Sahne und Sauce Demiglace auffüllen, verkochen.
4 Fleisch zugeben, mit der Soße vermengen, abschmecken, anrichten.

Passende Beilagen: Kartoffelrösti, Teigwaren, Reis

Zerkleinerte Zutaten vorbereiten.

Geschnetzeltes Kalbfleisch schnell in heißer Pfanne anbraten und aus der Pfanne nehmen.

Mit den übrigen Zutaten in der Pfanne eine Soße herstellen.

Fleisch in die Soße geben und mit Sahne verrühren, nicht mehr kochen lassen.

Kalbsfrikassee

Material-anforderung für 5 Portionen	Menge	Material
	1000 g	Kalbfleisch (Schulter, Hals)
	100 g	Zwiebeln
	80 g	Butter
	40 g	Mehl
	0,8 l	Helle Fleischbrühe
	0,1 l	Weißwein
	1	Eigelb
	0,1 l	Sahne
		Gewürze: Salz, weißer Pfeffer, Zitronensaft, Lorbeer.
		Garnitur: Spargel, Champignons, Blätterteighalbmonde.

Arbeitsweise

1 In Würfel geschnittenes Fleisch mit Zwiebelbrunoise in Butter hell anschwitzen.
2 Mit Mehl bestäuben und kalter Fleischbrühe, Weißwein auffüllen und aufkochen.
3 Gewürze zugeben und zugedeckt 45 bis 60 Minuten dünsten.

4 Gegarte Fleischstücke ausstechen, Soße passieren.
5 Soße abschmecken, mit Sahne und Eigelb legieren.
6 Fertige Soße über das Fleisch gießen.

Passende Beilagen: Glasierte Karotten, Zuckererbsen, Reis, Teigwaren.

Zutaten bereitstellen.

Fleisch und Zwiebeln in Butter anschwitzen.

Mit Mehl bestäuben.

Mit Fleischbrühe und Wein auffüllen, Gewürze zugeben und 60 Minuten dünsten.

Gegarte Fleischstücke ausstechen, Soße abschmecken und passieren.

Mit Sahne und Eigelb legieren, über das Fleisch gießen.

Kalbsblankett

Material-anforderung für 5 Portionen	Menge	Material
	1000 g	Kalbfleisch (Schulter, Hals)
	1	gespickte Zwiebel
	je 50 g	Lauch, Sellerie für Gemüsebündel
	1 l	heller Fond
	50 g	Butter
	40 g	Mehl
	0,7 l	Kalbsfond
	0,1 l	Weißwein
	1	Eigelb
	0,1 l	Sahne
		Gewürze: Salz, weißer Pfeffer, Zitronensaft.

Kalbfleisch mit gespickter Zwiebel und Gemüsebündel weichkochen.

Fleisch in gleichgroße Würfel schneiden.

Mehlschwitze herstellen und mit Kalbsfond aufgießen, würzen, auskochen. Soße passieren, mit Sahne und Eigelb legieren, abschmecken. Fleisch anrichten und mit Soße überziehen.

Gebackenes Kalbshirn

Material- anforderung für 5 Portionen	Menge	Material
	500 g	Kalbshirn
	80 g	Mehl
	2	Eier
	100 g	geriebene Weißbrotbrösel
	120 g	Butter
		Gewürze: Salz, weißer Pfeffer, Zitronensaft, gespickte Zwiebel.
		Garnitur: gebackene Petersilie, Zitronenscheiben.

Arbeitsweise

1 Kalbshirn wässern, Häutchen und Blutadern entfernen.
2 Salzwasser mit einer gespickten Zwiebel aufkochen, das gereinigte Hirn einlegen, nochmals aufkochen und im Fond erkalten.
3 Hirn abtropfen, würzen und panieren.
4 In heißer Butter goldgelb backen, trocken anrichten, mit der gehackten Petersilie und Zitrone garnieren.

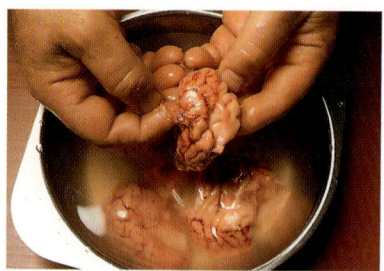

Hirn wässern und häuten.

In Salzwasser mit gespickter Zwiebel aufkochen.

Kalbsleber nach Berliner Art

Material- anforderung für 5 Portionen	Menge	Material
	800 g	Kalbsleber
	150 g	Butter
	250 g	Äpfel
	250 g	Zwiebeln
		Gewürze: Salz, weißer Pfeffer.

Arbeitsweise

1 Kalbsleber abziehen und von Sehnen befreien, in dünne Scheiben schneiden.
2 Äpfel schälen entkernen, in Scheiben schneiden.
3 Zwiebeln in Julienne schneiden, mit Mehl und Paprika bestäuben, in der Frittüre schwimmend ausbacken.
4 Leber in Butter rosa braten, erst nach dem Braten würzen, Apfelscheiben ebenfalls in Butter braten.
5 Kalbsleber mit Äpfeln und den Röstzwiebeln anrichten, mit etwas Bratbutter begießen.

Osso buco (Geschmorte Kalbshaxen- scheiben)

Material-	Menge	Material
anforderung	1750 g	Kalbshaxenscheiben
für	50 g	Mehl
5 Portionen	100 g	Fett
	150 g	Zwiebeln
	200 g	Gemüsebrunoise (Sellerie, Karot-
		ten, Lauch)
	60 g	Tomatenmark
	0,7 l	braunen Fond
	0,1 l	Weißwein
	150 g	Gemüsewürfel als Garnitur
	200 g	Tomatenfleischwürfel
		Gewürze: Salz, Pfeffer, Knob-
		lauch, gehackte Kräuter, Basili-
		kum.

Arbeitsweise

1 Kalbshaxe parieren, in Scheiben schneiden, würzen, in Mehl wenden.

2 Von beiden Seiten anbraten, herausnehmen.

3 Zwiebelwürfel und Gemüsebrunoise anschwitzen.

4 Tomatenmark zugeben, glacieren, mit braunem Fond und Weißwein auffüllen.

5 Fleisch und Gewürze zugeben, im Ofen schmoren.

6 Haxenscheiben ausstechen, Soße passieren und reduzieren, abschmecken, gehackte Kräuter unterziehen.

7 Gedünstete Gemüsewürfel und abgezogene, entkernte Tomatenfleisch- würfel als Garnitur über die angerichteten Kalbshaxenscheiben geben.

Zutaten vorbereiten und Gemüse an- schwitzen.

Fleisch zugeben und aufgießen.

Nach dem Schmoren mit Zutaten an- richten.

Mit frischen Tomatenwürfeln verfei- nern.

Warenkorb – Rind

– Ziel der Verarbeitung:

   Verarbeitung von: Roastbeef, Filet, Schulter, Keule, Brust

– Vorbereitung:

   Parieren, Zuschneiden, Portionieren
   Marinieren, Verwendung von Kräutern

– Zubereitung:

   Auswahl des Garverfahrens / Zubereitungshinweise:
   z.B. Kurzbraten, Grillen, Braten, Schmoren, Kochen

– Anrichteweise

Beispiele zur Verwendung:

– Roastbeef –	im Ganzen rosa gebraten	– Rinder- schulter –	Schmorbraten
	Rumpsteak/ Entrecôte		Rindergulasch
	Roastbraten	– Rinderkeule –	Rinderrouladen
	Schmorsteak		Sauerbraten
			Tafelspitz
– Rinderfilet –	Filetsteak		
	Tournedos	– Rinderbrust –	gekochte Rinderbrust
	Filetgulasch		

Geschmorte Rinderrouladen

Material- anforderung für 5 Portionen	Menge	Material
	900 g	Rindfleischscheiben aus der Ober- schale
	50 g	Senf
	250 g	Zwiebeljulienne
	40 g	Butter
	200 g	Speck, geräuchert
	150 g	Gewürzgurken
	100 g	Fett
	100 g	Zwiebeln ⎫
	80 g	Karotten ⎪ Mirepoix
	60 g	Sellerie ⎬
	60 g	Lauch ⎭
	60 g	Tomatenmark
	40 g	Mehl
	0,2 l	Rotwein
	0,7 l	Grundjus
		Gewürze: Salz, Pfeffer, Piment, Lorbeer, Pfefferkörner, Thymian.

Arbeitsweise

1 Geschnittene Rinderroulade zwischen zwei Folien klopfen.
2 Mit Salz und Pfeffer würzen und mittelscharfem Senf bestreichen.
3 Speckstreifen und Zwiebeljulienne in Butter andünsten,
  auskühlen und auflegen.
4 Essiggurkenstreifen auflegen.
5 Rouladen rollen, mit Schnur binden oder mit Nadeln stecken.
6 Rouladen mehlieren, in Fett kurz anbraten.
7 Rouladen herausnehmen, Mirepoix anrösten.
8 Tomatenmark zugeben, glacieren (ablöschen und reduzieren).
9 Mit Mehl bestäuben, anschwitzen, mit Rotwein ablöschen.
10 Mit Grundjus auffüllen, aufkochen, abschäumen, Gewürze zugeben.
11 Rouladen zugeben und 1 Stunde zugedeckt schmoren.
12 Schnur/Nadeln entfernen, Soße passieren und nachschmecken.

Garnituren: auf bürgerliche Art
  Rouladen mit tournierten, glacierten Gemüsen (Karotten,
  Sellerie, Rübchen) umlegen.

  Esterházy
  Julienne von Wurzelgemüse (Sellerie, Karotten, Lauch,
  Zwiebeln) dünsten und über die Rouladen streuen.

Beilagen: Kartoffelpüree, Dampfkartoffeln, Macaire Kartoffeln.

Zutaten bereitstellen.

Fleisch zwischen Folien klopfen.

Rouladen füllen, einrollen.

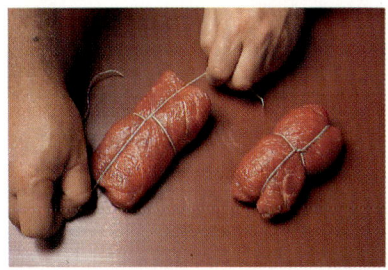

Mit Schnur binden.

Anbraten, mit Rotwein ablöschen.

Soßenansatz auffüllen.

Rheinischer Sauerbraten

Material-	Menge	Material
anforderung	1000 g	Rindfleisch (Schwanzstück)
für	0,2 l	Essig
5 Portionen	0,4 l	Wasser
	100 g	Zwiebeln
	60 g	Lauch
	80 g	Karotten
		Gewürze: Lorbeer, Pfefferkörner, Thymian, Nelken.
	80 g	Fett
	300 g	Mirepoix
	60 g	Tomatenmark
	40 g	Mehl
	0,2 l	Rotwein
	0,2 l	Marinade
	0,4 l	braune Brühe
		Gewürze: Salz, Pfefferkörner, Piment, Thymian, Lorbeer.

Marinade (Beize) — bracketed alongside: Essig, Wasser, Zwiebeln, Lauch, Karotten, Gewürze: Lorbeer, Pfefferkörner, Thymian, Nelken.

Arbeitsweise

1 Aus Essig, Wasser, Wurzelgemüse und Gewürzen eine Marinade (Beize) herstellen.

2 Das Rindfleisch in die Marinade einlegen und mindestens 36 Stunden zugedeckt kühl stehen lassen, mehrmals wenden.

3 Fleisch mit einem Tuch gut abtropfen, Fett erhitzen und gewürztes Fleisch anbraten.

4 Mirepoix rösten, Tomatenmark zugeben und glacieren.

5 Mit Mehl bestäuben, kurz rösten, mit Rotwein, brauner Brühe und Marinade auffüllen, Gewürze zugeben.

6 Fleisch schmoren, passieren, abschmecken.

7 Sauerbraten portionieren, Soße mit gewaschenen Rosinen verfeinern, mit Mandelblättchen bestreuen.

Zutaten bereitstellen.

Mirepoix anschwitzen, stäuben.

Mit Würzfond aufgießen.

Ca. 90 Minuten schmoren.

Rindergulasch

Material- anforderung für 5 Portionen	Menge	Material
	900 g	Rindfleisch (Wade, Hesse, Schul- ter, Hals)
	900 g	Zwiebeln
	60 g	Fett (Schweineschmalz)
	15 g	Paprika
	1 l	Wasser
		Gulaschgewürz: Knoblauch, Majoran, Kümmel, unbehandelte Zitronenschale. *Gewürze:* Salz, weißer Pfeffer.

Arbeitsweise

1 Zwiebeljulienne andünsten.
2 Gewürzte Rindfleischstücke (ca. 40−50 g) dazugeben.
3 Fleisch und Zwiebeln vermengen.
4 Zugedeckt, Fond ziehen lassen.
5 Abdecken, Flüssigkeit reduzieren, glacieren, mit Paprika bestreuen.
6 Mit Wasser auffüllen, Gulaschgewürz zugeben.
7 Mit Deckel ca. 60 Minuten schmoren, Soße nicht passieren.

Zutaten bereitstellen.

Zwiebeln andünsten, Fleisch mitdün-sten.

Gulaschansatz vorbereiten.

Nach ca. 60 Minuten anrichten.

Warenkorb – Schwein

– Ziel der Verarbeitung:

  Verwendung von: Schulter, Haxe, Filet, Kotelettstück, Oberschale,
  Leber, Nieren, Spanferkelteile

– Vorbereitung:

  Auslösen, Parieren, Zuschneiden, Portionieren

– Zubereitung:

  Auswahl des Garverfahrens / Zubereitungshinweise:
  z.B. Kurzbraten, Braten, Poelieren, Schmoren
  Soßenherstellung

– Anrichteweise

Beispiele zur Verwendung:

– Schweine- schulter –	Schweinebraten	– Oberschale –	Schweineschnitzel
	Schweinegulasch		gefüllte Schnitzel
			Schweineröllchen

– Schweine-
  haxe –
	im Ganzen
	gebraten/geschmort
		– Schweine-
		  leber –
			Scheiben gebraten

			geschnetzelte Leber
– Schweinefilet –	Medaillons	– Spanferkel- teile –	gebraten
	im Ganzen gebraten		
	Geschnetzeltes vom Schweinefilet		
– Kotelettstück –	Schweinekotelett gebraten, gegrillt, gebacken,		
	im Ganzen gebraten		
	ausgelöst als Rollbraten		

Schweinebraten mit Kruste

Schweinebraten nach Bäckerin Art.

Schweinshaxe mit Kartoffelknödel und bayerischem Kraut.

Material-	Menge	Material
anforderung	1000 g	Schweinefleisch (Keule, Schulter
für		mit Schwarte)
5 Portionen	600 g	Schweineknochen
	60 g	Fett
	300 g	Mirepoix
	0,4 l	braune Brühe
		Gewürze: Salz, weißer Pfeffer,
		Kümmel, Knoblauch.

Arbeitsweise

1 Schweinebraten vorbereiten, Schwarte einschneiden, würzen.
2 Kleingehackte Schweineknochen in Fett anrösten, mit Wasser ablöschen.
3 Schweinebraten auf die Knochen legen und bei 220°C braten, mit dem
Bratenfond öfters begießen, Mirepoix zugeben.
4 Den durchgebratenen Schweinebraten auf ein Abtropfgitter setzen und den
Bratensatz mit der braunen Brühe auffüllen.
5 Knochen auskochen, passieren, abschmecken.

Schweinebraten mit Mirepoix bereitstellen.

Unter ständigem Begießen braten.

Schweinenierchen sauer

Material- anforderung für 5 Portionen	Menge	Material
	900 g	Schweinenieren
	60 g	Fett
	100 g	Zwiebeln
	50 g	Butter
	0,5 l	Sauce Demiglace
	60 g	Essiggurken
		Gewürze: Salz, Pfeffer, Essig.

Arbeitsweise

1 Nieren vom Fett befreien, der Länge nach durchschneiden (halbieren), weiße Stränge und Adern entfernen.

2 Gut wässern (Mineralwasser oder Milch), trocknen und in feine Scheiben schneiden.

3 In erhitztem Öl anrösten (nicht durchbraten), evtl. in Butter nachbraten, warmstellen.

4 In gleicher Pfanne feingeschnittene Zwiebelbrunoise in Butter anschwitzen, mit wenig Essig ablöschen, einkochen und mit Sauce Demiglace auffüllen.

5 Sauce nicht mehr kochen lassen, die gerösteten, gewürzten Nierchen zufügen, durchschwenken, abschmecken.

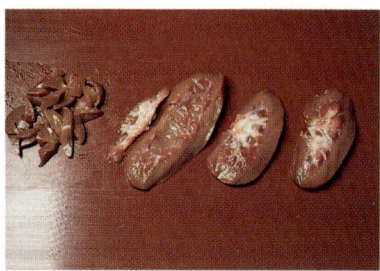

Nierenkanäle herausschneiden.

Nierenscheiben schnell sautieren.

Medaillons vom Schweinefilet mit Schwammerlsoße

Material-anforderung für 5 Portionen	Menge	Material
	750 g	Schweinefilet
	40 g	Fett
	50 g	Räucherspeck
	40 g	Butter
	60 g	Zwiebelbrunoise
	250 g	Waldpilze
	0,1 l	Weißwein
	0,1 l	Sahne
	0,4 l	Sauce Demiglace
	2 EL	Küchenkräuter (Kerbel, Petersilie, Schnittlauch, Estragon)
	100 g	Crème double als Garnitur
		Gewürze: Salz, Pfeffer

Arbeitsweise

1 Schweinefilet parieren, in Medaillons portionieren.
2 Medaillons würzen, evtl. mehlieren, in der Pfanne kurzbraten, aus der Pfanne nehmen, warmstellen.
3 Speck- und Zwiebelbrunoise mit Butter in der Pfanne anschwitzen, geschnittene Waldpilze zugeben, mit Weißwein ablöschen, reduzieren, mit Sahne und Sauce Demiglace auffüllen, verkochen, mit frischen Kräutern abschmecken.
4 Gebratenes Fleisch anrichten, mit der Soße nappieren, Crème double und Kräuter als Garnitur verwenden.

Schweinefilet portionieren und mit übrigen Zutaten bereitstellen.

Schweinefilets mit Soße und Pilzen überziehen, mit Sauerrahm garnieren und mit Beilagen wie Kartoffelkroketten und Brokkoli servieren.

Warenkorb – Lamm / Hammel

– Ziel der Verarbeitung:
  Verwendung von: Keule, Schulter, Sattel, Kotelettstück

– Vorbereitung:
  Auslösen, Parieren, Zuschneiden, Portionieren,
  Marinieren, Verwendung von Kräutern

– Zubereitung:
  Auswahl des Garverfahrens / Zubereitungshinweise:
  z.B. Kurzbraten, Braten, Schmoren, Dünsten
  Soßenherstellung

– Anrichteweise

Beispiele zur Verwendung:

– Keule –	im Ganzen oder ausgelöst rosa gebraten	– Sattel –	im Ganzen rosa gebraten
	geschmort		Chops (Rückenscheibe)
– Schulter –	ausgelöst und geschmort	– Kotelettstück –	im Ganzen rosa gebraten
	ausgelöst und gekocht		Koteletts
	Ragout		
	Eintopf		
	Lammcurry		

Auslösen einer Lammkeule

Arbeitsschritte:

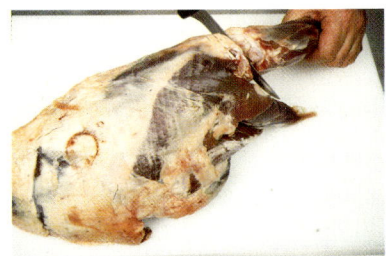

Von der Lammkeule zuerst im Gelenk die Haxe abschneiden.

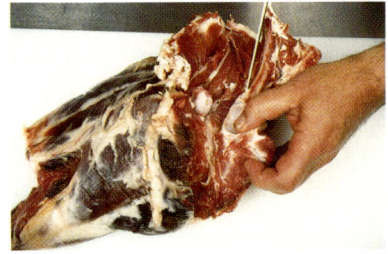

Den Schlussknochen vom Röhrenknochen im Gelenk abtrennen und auslösen.

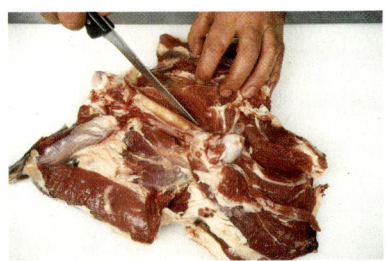

Großen Oberschenkelknochen vorsichtig herauslösen.

Die zerlegte Lammkeule mit allen Teilen.

Navarin – Braunes Hammelragout

Material-anforderung für 5 Portionen	Menge	Material
	1200 g	Hammelfleisch mit Knochen (Schulter)
	300 g	Zwiebeln
	60 g	Fett / Öl
	40 g	Tomatenmark
	0,8 l	Braune Brühe
		Gewürze: Salz, Pfeffer, Knoblauch, Salbei, Thymian
	3 Stck.	Kohlrabi oder weiße Rüben
	300 g	Karotten
	300 g	Zucchini
	200 g	Tomaten
	60 g	Butter
	800 g	Kartoffeln mit Schale
	30 g	Frische, gehackte Kräuter

Arbeitsweise

1 Hammelfleisch in gleichmäßige Würfel (auch mit Knochen) schneiden (ca. 30 g – 40 g).

2 Zwiebelwürfel anschwitzen, Fleisch zugeben, anschwitzen.

3 Tomatenmark zugeben, glacieren.

4 Mit Brühe auffüllen, aufkochen, abschäumen, Gewürze zugeben.

5 Zugedeckt schmoren.

6 Gemüse und Kartoffeln tournieren; Tomaten abziehen, entkernen, in Viertel schneiden.

7 Gemüse glacieren, Kartoffeln kochen, Tomaten anschwenken.

8 Fleisch mit Soße reduzieren, abschmecken.

9 Schmorgericht mit Gemüse, Tomaten und Kartoffeln zusammen anrichten, mit Kräutern bestreuen.

Alle vorbereiteten Zutaten für das Hammelragout.

Angerichtetes Hammelragout, wobei einzelne Gemüse besonders dekorativ angeordnet werden.

Lammcurry mit Früchten

Material-anforderung für 5 Portionen	Menge	Material
	900 g	Lammschulter ohne Knochen
	80 g	Fett
	150 g	Zwiebeln
	250 g	Äpfel
	200 g	Bananen
	40 g	Mehl
	0,5 l	Helle Brühe/Fond
	0,2 l	Sahne
		Gewürze: Salz, Pfeffer, Curry, Kräuterbündel.
		Garnitur: Gebackene Banane, gebratene Ananas.

Arbeitsweise

1 Lammfleisch in gleichmäßige Stücke (30 g) schneiden, würzen.

2 In Fett anbraten, Zwiebelbrunoise anschwitzen, Äpfel- und Bananenwürfel zugeben, mit Curry bestäuben.

3 Mit Mehl bestäuben, helle Brühe auffüllen, Kräuterbündel zugeben, zugedeckt weichdünsten.

4 Kräuterbündel herausnehmen, mit Sahne verfeinern, abschmecken, anrichten.

Zutaten bereitstellen.

Zwiebeln und Fleisch andünsten.

Früchte mitschwitzen.

In der Soße ca. 60 Minuten garen.

Warenkorb – Hackfleisch

– Ziel der Verarbeitung:

Verwendung von: Schlachtfleisch, z.B. Schulter, Brust, Bauch, Hals,
Parierabschnitte

– Vorbereitung:

Zuschneiden, Zerkleinern

– Zubereitung:

Hackmasse herstellen, Auswahl des Garverfahrens / Zubereitungshinweise:
z.B. Braten, Schmoren, Dünsten, Kochen
Soßenherstellung

– Anrichteweise

Beispiele zur Verwendung:

– Hackfleisch –	Hackfleischsoße für Teigwaren	Fleischklopse
	Hackfleischsoße für Lasagne	gefüllte Kohlköpfchen
– Hackmasse –	Hackbraten	gefüllte Paprikaschoten
	Hacksteak	gefüllte Auberginen

Krautwickerl (Kohlroulade)

Material-anforderung für 5 Portionen	Menge	Material
	800 g	Weißkraut
	400 g	Hackfleisch
	2	Semmeln
	1−2	Eier
	50 g	Zwiebeln
	20 g	Butter
	50 g	Fett
	100 g	Speck, geräuchert
	100 g	Karotten
	80 g	Sellerie
	100 g	Zwiebeln
	0,5 l	Bratensoße (Jus)
		Gewürze: Salz, weißer Pfeffer, Knoblauch, Kümmel, Majoran, Muskat, gehackte Petersilie.

Blanchiertes Weißkraut mit Zutaten bereitstellen.

Hackmasse zubereiten.

Fleisch in Blätter einfüllen.

In Schöpfkelle gleichmäßig formen.

Alternativ in einem Tuch formen.

Mit Bratensoße oder Brühe ca. 40 Minuten bei 200 °C schmoren.

Königsberger Klopse

Material- anforderung für 5 Portionen	Menge	Material
	400 g	Hackfleisch
	50 g	Zwiebelbrunoise
	20 g	Butter
	2	Semmeln
	1−2	Eier
	30 g	Sardellenfilets
	40 g	Butter
	40 g	Mehl
	0,6 l	Fond
	30 g	Kapern
	0,1 l	Sauerrahm
		Gewürze: Salz, weißer Pfeffer, Knoblauch, gespickte Zwiebel, Muskat.

Arbeitsweise

1 Hackfleisch mit den Zutaten und den gewässerten, entgräteten und fein-
gehackten Sardellenfilets vermengen.

2 Pro Portion 2 Bällchen à 60 g formen.

3 Klopse in eine heiße Fleischbrühe mit einer gespickten Zwiebel geben und
ca. 10 Minuten unter dem Siedepunkt garen.

4 Aus Butter und Mehl eine Mehlschwitze (Roux) herstellen, mit dem Fond
der Klopse auffüllen.

5 Soße aufkochen, abschmecken und passieren.

6 Mit Sauerrahm und Kapern verfeinern, Klopse in der Soße mit Salzkartof-
feln servieren.

Zutaten bereitstellen und Hackmasse zubereiten.

Klopse in gewürzter Brühe mit ge-spickter Zwiebel garen.

Varianten

Kräuterbutter: Schaumig geschlagene Butter mit Estragon, Petersilie, Schnittlauch, Kerbel sowie feingeschnittenen Schalotten vermengen. Mit Salz, Pfeffer und Zitronensaft abschmecken.

Verwendung: Gebratene, gegrillte und gebackene Fleisch- und Fischgerichte.
Zum Montieren von Soßen und Suppen.

Colbertbutter: Schaumig geschlagene Butter mit Fleischextrakt und Petersilie vermengen. Mit Salz, Pfeffer und Zitronensaft abschmecken.

Verwendung: Seezunge Colbert, gebratene, gegrillte und gebackene Fleisch- und Fischgerichte.

Sardellenbutter: Schaumig geschlagene Butter mit gewaschenen, entgräteten und zerdrückten Sardellenfilets und evtl. zerhackten Schalotten vermengen. Mit Salz und Pfeffer abschmecken.

Verwendung: Garnitur Mirabeau
Gebratene Fischgerichte, zum Bestreichen von Schnittchen.

Pfefferbutter: Schaumig geschlagene Butter mit zerdrückten farbigen Pfefferkörnern vermengen.

Verwendung: Gebratene, gegrillte Fleisch- und Fischgerichte, zum Montieren von Soßen.

Sauce Demiglace
(Braune Kraftsoße)

Material-	Menge	Material
anforderung	1200 g	Kalbs- und Schweineknochen,
für		Parüren
10 Portionen	200 g	Speckscharten
= 1 Liter	120 g	Fett
	300 g	Mirepoix
	50 g	Tomatenmark
	80 g	Mehl
	0,2 l	Weißwein
	1,6 l	braune Brühe
		Gewürze: Salz, Pfefferkörner,
		Paprika, Knoblauch, Thymian,
		Lorbeer, Piment.

Arbeitsweise

1 Kleingehackte Knochen, Parüren und Speck in heißem Fett anrösten.

2 Mirepoix zugeben und ebenfalls rösten.

3 Tomatenmark beifügen und glacieren.

4 Mit Mehl bestäuben, rösten und mit Paprika bestreuen.

5 Auffüllen mit Weißwein und kalter brauner Brühe.

6 Langsam kochen, anschäumen und abfetten, Gewürze zugeben.

7 Grundsoße passieren und weiterverarbeiten.

Knochen zerkleinern, Zutaten bereitstellen.

Knochen anbraten, Mirepoix zufügen.

Kräftig Farbe nehmen lassen.

Mit Wein und Fond mehrmals glacieren.

Gewürze zufügen, vier Stunden kochen.

Passierte Grundsoße.

Ableitungen der Sauce Demiglace

Sauce Robert
(Robertsoße)

Arbeitsweise: Zwiebelbrunoise in Butter anschwitzen, Senf zugeben und sofort mit Weißwein ablöschen, mit Demiglace auffüllen, langsam kochen lassen, abschmecken.

Sauce piquante
(Pikante Soße)

Arbeitsweise: Zwiebelbrunoise in Butter anschwitzen, mit Essig ablöschen, mit Demiglace auffüllen, langsam kochen lassen, Essiggurkenwürfel und gehackte Petersilie zugeben, mit Butter montieren.

Sauce diable
(Teufelsoße)

Arbeitsweise: Zwiebelbrunoise in Butter anschwitzen, zerdrückte Pfefferkörner zugeben, mit Weißwein ablöschen, Demiglace auffüllen, langsam kochen lassen, reduzieren, mit Butter montieren.

Sauce madère
(Madeirasoße)

Arbeitsweise: Zwiebelbrunoise in Butter anschwitzen, mit Madeirawein ablöschen, Demiglace auffüllen, reduzieren, passieren, mit Butter montieren.

Weitere Ableitungen der Demiglace wurden bei den Garnituren behandelt.

Veloutés
(Weiße Grundsoßen)

Material-anforderung für 10 Portionen = 1 Liter	Menge	Material
	80 g	Butter
	50 g	Zwiebeln
	80 g	Mehl
	1,2 l	entsprechend heller Fond
		Gewürze: Salz, weißer Pfeffer, Zitronensaft.

Arbeitsweise

1 Zwiebelbrunoise in Butter farblos andünsten, mit Mehl bestäuben, Mehlschwitze (Roux) herstellen.

2 Kalte Roux mit heißer entsprechender Flüssigkeit auffüllen, Gewürze zugeben, ca. 20 Minuten langsam kochen lassen, passieren.

Zutaten bereitstellen.

Mehlschwitze zubereiten.

Mit Brühe auffüllen, leicht kochen lassen.

Mit Eigelb und Sahne legieren, passieren.

Ableitungen

Velouté de veau (Kalbsgrundsoße)

Mit Sahne und Eigelb legieren;
= Sauce allemande (Deutsche Soße).

Velouté de volaille (Geflügelgrundsoße)

Mit Sahne und Butterflocken montieren;
= Sauce suprême (Geflügelrahmsoße).

Velouté de poisson (Fischgrundsoße)

Mit Eigelb und Sahne legieren, mit Weißwein verfeinern;
= Sauce au vin blanc (Weißweinsoße).

Sauce Béchamel
(Weiße Milchgrundsoße)

Material- anforderung für 10 Portionen = 1 Liter	Menge	Material
	100 g	Butter
	50 g	Zwiebeln
	100 g	Mehl
	0,6 l	Milch
	0,6 l	heller Fond
		Gewürze: Salz, weißer Pfeffer, Zitronensaft.

Arbeitsweise

1 Zwiebeljulienne in Butter andünsten, mit Mehl bestäuben, Mehlschwitze (Roux) herstellen.
2 Kalte Roux mit heißer Flüssigkeit auffüllen, Gewürze hinzugeben, ca. 20 Minuten langsam kochen lassen, passieren.
3 Grundsoße mit Butterflocken bestreuen, warmstellen und weiterverarbeiten.

Zutaten bereitstellen.

Mehlschwitze herstellen.

Mit Milch auffüllen.

20 Minuten kochen, passieren.

Ableitungen

Sauce mornay (Mornaysoße)

Arbeitsweise: Fertige Sauce Béchamel aufkochen, Legierung aus Eigelb und Sahne unterziehen und geriebenen Parmesankäse sowie Butterflocken einarbeiten.

Sauce raifort (Meerrettichsoße)

Arbeitsweise: Fertige Milchgrundsoße mit Fleischbrühe verkochen, frisch geriebenen Meerrettich sowie Essig, Zucker, Salz, Pfeffer unterziehen, mit Sahne und Butter montieren.

Sauce à la crème (Rahmsoße)

Arbeitsweise: Fertige Sauce Béchamel mit Sahne aufkochen und Butter montieren. Besonders geeignet zum Binden von Gemüsen und Teigwaren.

Sauce hollandaise
(Holländische Soße)

Material-	Menge	Material
anforderung	6	Eigelb
für	500 g	Butter
10 Portionen		*Gewürze:* Salz, Zitronensaft, Cayennepfeffer.
	Reduktion	
	0,2 l	Wasser oder Weißwein
	60 g	Zwiebeln
		Pfefferkörner, Essig, Lorbeer.

Arbeitsweise

1 Butter bei mäßiger Hitze zerlassen, bis die Molkereste auf den Boden sinken und die Butter klar ist, abkühlen lassen.

2 Reduktion aus den angegebenen Zutaten herstellen und einkochen.

3 Eigelbe mit der passierten, abgekühlten Reduktion verrühren und auf heißem Wasserbad (70°C) mit einem Schneebesen aufschlagen, bis sich eine kremige Masse bildet.

4 Die lauwarme, geklärte Butter tropfenweise unter die Eigelbmasse rühren, abschmecken.

Zutaten bereitstellen.

Reduktion auf Eigelbe gießen.

Unter Erhitzen aufschlagen, Butter langsam einrühren.

Links oben: Sauce hollandaise.
Rechts oben: Sauce béarnaise.
Links unten: Sauce Choron.
Rechts unten: Sauce mousseline.

Ableitungen

Sauce béarnaise (Bearner Soße)

Arbeitsweise: Fertige holländische Soße mit gehacktem Kerbel und Estragon sowie Estragonessig, Pfeffer und Zitronensaft abschmecken.

Sauce mousseline (Schaumsoße)

Arbeitsweise: Fertige holländische Soße mit geschlagener Sahne und Zitronensaft verfeinern.

Sauce choron (Choronsoße)

Arbeitsweise: Fertige holländische Soße mit erhitztem Tomatenmark vermengen, mit Estragonessig und Pfeffer abschmecken, als Einlage abgezogene, entkernte Tomatenfleischwürfel verwenden.

Mayonnaise

Material-	Menge	Material
anforderung	6	Eigelb
für	1 l	Öl
10 Portionen	2 EL	Essig oder Zitronensaft
	2 EL	Wasser
		Gewürze: Salz, weißer Pfeffer.

Arbeitsweise

1 Eigelbe mit Salz und Pfeffer schaumig schlagen.
2 Öl am Anfang tropfenweise unterrühren.
3 Später kann die Ölmenge erhöht werden.
4 Die Festigkeit der Mayonnaise mit lauwarmen Wasser regulieren.
5 Mit Zitronensaft oder Essig abschmecken.

Temperierte Zutaten bereitstellen.

Bei zu schneller Ölzugabe gerinnt die Emulsion.

Durch Einrühren von warmem Wasser stabilisiert sich die Emulsion wieder.

**Links oben: Sauce mayonnaise.
Rechts oben: Sauce tartare.
Links unten: Sauce rémoulade
Links oben: Sauce tyrolienne.**

Ableitungen

Sauce rémoulade
(Remouladensoße)

Arbeitsweise: Fertige Mayonnaise mit gehackten Kapern, Essiggurken und Sardellen vermengen; mit Kerbel, Estragon, Petersilie (evtl. kleingeschnittene Zwiebelwürfel) abschmecken.

Sauce tartare
(Tatarensoße)

Arbeitsweise: Fertige Mayonnaise pikant abschmecken, gekochte, gehackte Eier und feingeschnittenen Schnittlauch unterheben.

Sauce Chantilly
(Chantillysoße)

Arbeitsweise: Fertige Mayonnaise mit geschlagener Sahne, Zitronensaft und Cayennepfeffer verfeinern.

Glasierte Karotten

Arbeitsweise

1 Karotten waschen, schälen, danach tournieren.
2 In Butter anschwitzen. Zucker und wenig Salz zugeben.
3 Brühe zuschütten und zugedeckt weichdünsten.
4 Vor Ende der Garzeit Deckel abheben und Dünstflüssigkeit sirupartig einkochen. Dabei die Karotten in der Sauteuse schwenken.

Karotten zurechtschneiden – tournieren.

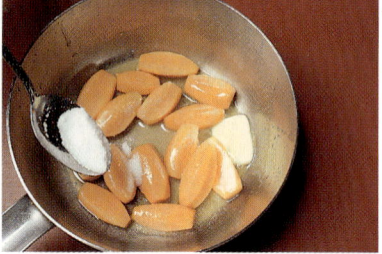

Mit Butter und Zucker anschwitzen.

Mit wenig Brühe dünsten.

Mit dem Reduzieren der Brühe werden die Karotten glasiert.

Geschmorter Lauch

Arbeitsweise

1 Lauch der Länge nach halbieren und gründlich waschen.
2 In kochendem Salzwasser blanchieren, in Eiswasser abschrecken.
3 Speck und Zwiebelbrunoise anschwitzen. Portionierten Lauch einsetzen, mit wenig Fleischbrühe begießen und zugedeckt in der Bratröhre schmoren.

Lauch zum Waschen in der Mitte einschneiden.

Blanchierten Lauch in Eiswasser abschrecken.

Lauchbündel einsetzen.

Mit Brühe angießen und dünsten.

Gebackener Blumenkohl

Blätter und Strunk entfernen, kochen.

In Bierteig panieren.

In heißem Fett backen.

Röschen auf Papiermanchette anrichten.

Sauerkraut

Material-	Menge	Material
anforderung	500 g	Sauerkraut
für	50 g	Schweineschmalz
5 Portionen	100 g	Äpfel
	100 g	Zwiebeln
	0,1 l	Weißwein
	0,1 l	Fleischbrühe
	150 g	rohe Kartoffeln
		Gewürze: Salz, Zucker.
		Gewürzbeutel: Lorbeer, Piment, Nelken, Kümmel, Pfefferkörner.

Arbeitsweise

1 Apfel- und Zwiebeljulienne in Schmalz glasig anschwitzen.
2 Sauerkraut evtl. waschen, zugeben, mit Weißwein und Fleischbrühe auffüllen, würzen, Gewürzbeutel zugeben.
3 Sauerkraut zugedeckt weichdünsten, kurz vor Garende die geriebenen rohen Kartoffeln zur Bindung unterziehen.
4 Vor dem Anrichten Gewürzbeutel entfernen.

Zutaten mit Gewürzbeutel bereitstellen.

Äpfel und Zwiebeln anschwitzen.

Wein und Brühe angießen.

Geriebene, rohe Kartoffeln zur Bindung zufügen.

Wirsing

Arbeitsweise

1 Wirsingkohl putzen, Strunk entfernen.

2 In Salzwasser kräftig blanchieren, in Eiswasser abschrecken, abkühlen, ausdrücken und grob hacken.

3 Speck-Zwiebelbrunoise in Schweineschmalz anschwitzen. Den gehackten Wirsing zugeben und ebenfalls anschwitzen.

4 Fertige Milchgrundsoße (Sauce Béchamel) zugeben und aufkochen.

5 Mit Salz, weißem Pfeffer, Muskat und etwas brauner Butter abschmecken.

Wirsing blanchieren.

Wirsing hacken.

Speck, Zwiebeln und Wirsing anschwitzen.

Mit Béchamelsoße binden.

Champignons in Sahne

Arbeitsweise

1 Champignons in Zitronen-Mehlwasser waschen.
2 Zwiebelbrunoise in Butter hell anschwitzen.
3 Zerkleinerte Champignons zugeben.
4 Kurz zugedeckt dünsten.
5 Mit Salz, weißem Pfeffer würzen. Sahne zugießen, einkochen lassen und bei Bedarf mit Mehlbutter (beurre manie) binden.
6 Mit frischen Kräutern verfeinern.

Champignons in Mehl-Zitronenwasser waschen.

Champignons vierteln oder halbieren.

In Butter und Wein dünsten, mit Mehlbutter binden.

Mit Sahne verfeinern.

Bayerisches Kraut

Material- anforderung für 5 Portionen	Menge	Material
	1000 g	Weißkraut
	100 g	Speck, geräuchert
	100 g	Zwiebeln
	40 g	Schweineschmalz
	0,3 l	Fleischbrühe
		Gewürze: Salz, weißer Pfeffer, Zucker, Kümmel, Essig.

Arbeitsweise

1 Weißkohlkopf putzen, vierteln, Strunk entfernen und den Kohl in feine
   Blättchen oder Streifen schneiden.
2 Mageren Speck und Zwiebelbrunoise in Schweineschmalz anschwitzen.
3 Mit Zucker bestreuen, karamellisieren und mit Essig ablöschen, Kraut dazugeben
4 Restliche Gewürze zufügen, mit Fleischbrühe auffüllen, zugedeckt weich
   dünsten.

Verwendung: Als Beilage zu gebratenem Schweinefleich.

Rotkohl (Rotkraut)

Material- anforderung für 5 Portionen	Menge	Material
	800 g	Rotkraut
	50 g	Schweineschmalz
	80 g	Zwiebeln
	150 g	Äpfel
	0,1 l	Rotwein
	0,1 l	Fleischbrühe
	30 g	Johannesbeergelee
		Gewürze: Salz, Essig, Zucker.
		Gewürzbeutel: Nelken, Piment,
		Lorbeer, Zimtstange, Pfeffer-
		körner.
	100 g	Äpfel zur Garnitur

Arbeitsweise

1 Rotkraut in Streifen schneiden, mit den Gewürzen und dem Gewürzbeutel sowie dem Rotwein 2 Stunden marinieren.
2 Zwiebeljulienne im Schweineschmalz weichdünsten.
3 Entkernte Apfelscheiben und das marinierte Rotkraut zugeben und mit der Fleischbrühe auffüllen.
4 Zugedeckt weichdünsten, Johannisbeergelee zugeben und abschmecken.
5 Apfelspalten in Läuterzucker pochieren, als Garnitur verwenden.

Krautjulienne mit Gewürzen und Wein marinieren.

Auf gleichmäßiges und feines Schneiden ist zu achten.

Frischer Stangenspargel

Arbeitsweise

1 Spargelstangen mit Sparschäler schälen. Beim Schälen die Stange mit den Fingerspitzen halten, der Spargel ruht dabei auf dem Unterarm.
2 Gleichmäßige Portionsbündel bilden. Brutto sind für eine Portion 500 g Spargel anzusetzen. Für eine Gemüsebeilage reichen 250 g brutto aus. Der Schälverlust beträgt durchschnittlich 30 bis 40% vom Bruttogewicht.
3 Die gleichmäßigen Spargelbündel in leichtem Salzwasser, etwa 20 bis 30 Minuten kochen. Das Salzwasser mit einer kräftigen Prise Zucker, Zitronensaft und Butter würzen.
4 Für kalte Spargelgerichte den abgekochten Spargel im Fond abkühlen lassen.

Eingeweichten Spargel vom Kopf aus abschälen.

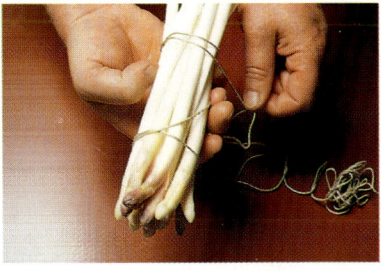

Gleichmäßige Portionen binden.

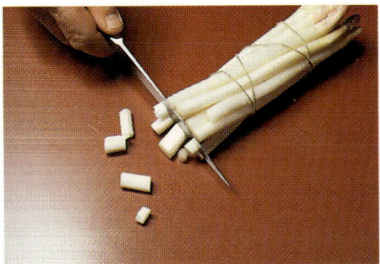

Auf gleiche Länge schneiden.

In Zitronen-Zuckerwasser mit etwas Butter kochen.

Stangenspargel mit holländischer Soße

Stangenspargel Vinaigrette

In Fett gebackene Kartoffeln

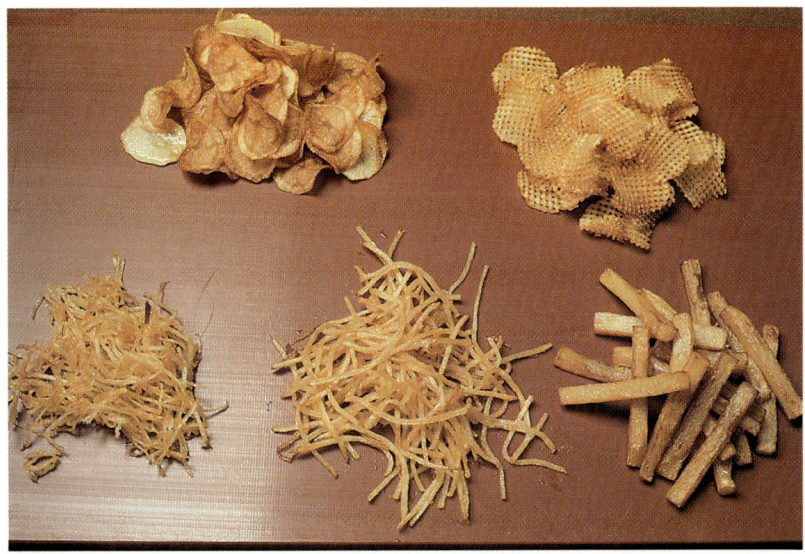

Von links oben: Kartoffelchips, Waffelkartoffeln.
Von links unten: Strohkartoffeln, Streichholzkartoffeln, Pommes frites.

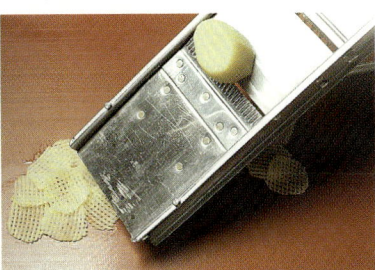

Die Mandoline – der Universalhobel dient zum Schneiden nebenstehender Kartoffelsorten.

Von links oben: Kartoffelchips, Pommes frites, Streichholzkartoffeln.
Unten links: Waffelkartoffeln.
Rechts: Strohkartoffeln.

Merke: Zum Backen müssen die Kartoffeln vorher gut abgetrocknet werden. Die dicken Pommes frites müssen einmal in Fett blanchiert werden.

In der Pfanne
gebratene Kartoffeln

In der Pfanne gebratene Kartoffeln werden zuerst in Wasser blanchiert, abgegossen und abgekühlt. Auf dem oberen Bild sind abgebildet:
Von links oben: Würfelkartoffeln, Nusskartoffeln, Pariser Kartoffeln.
Links unten: Schlosskartoffeln, rechts: Olivenkartoffeln.

Kartoffelteig

Von links oben: Mandelbällchen, Kartoffelkroketten, Herzoginkartoffeln; unten links: Macairekartoffeln, rechts: Dauphinkartoffeln.

Material-anforderung für 5 Portionen	Menge	Material
	1000 g	rohe Kartoffeln mit Schale
	2	Eigelbe
	20 g	Butter
	20 g	Stärkemehl
		Gewürze: Salz, Muskat.

Eine Arbeitserleichterung ist das Spritzen der Krokettenmasse auf ein bemehltes Brett. Mit der Palette werden
gleichmäßige Kroketten geschnitten.

Für die Macairekartoffeln Walzen mit
4 cm Durchmesser formen, Scheiben
abschneiden.

Herzoginkartoffeln auf gebuttertes
Blech spritzen, mit Eigelb beträufeln
und backen.

Im Ofen gegarte Kartoffeln

Schmelzkartoffeln (Pommes fondantes) (oben links):
Länglich tournierte Kartoffeln mit Butter und wenig Brühe im Ofen hellbraun dünsten.

Bäckerinkartoffeln (Pommes boulangère) (oben rechts):
Rohe Kartoffelscheiben mit Zwiebeljulienne in Bratensaft im Ofen schmoren.

Annakartoffeln (Pommes Anna):
Kleine, rohe Kartoffelscheiben in gebutterte Förmchen rosettenförmig einschichten. Fest eindrücken und mit Butter beträufeln. Im Ofen backen und stürzen

Rohe Kartoffelklöße

Material- anforderung für 5 Portionen	Menge	Material
	1200 g	rohe Kartoffeln ohne Schale
	400 g	gekochte Kartoffeln
	1	Eigelb oder Ei
	30−40 g	Stärke und Eigenstärke
		Gewürze: Salz, Muskat, weißer Pfeffer.
	40 g	Butter
	2	Scheiben Weißbrot

Arbeitsweise

1 Rohe Kartoffeln reiben, im Tuch fest ausdrücken.

2 Geschälte Kartoffeln kochen, abdämpfen, durchdrücken.

3 Beide Massen zusammengeben, Eier einarbeiten, abschmecken, mit Stärke und der Eigenstärke binden.

4 Klöße formen, Einlage – Croutons verwenden.

5 Im Salzwasser aufkochen, ca. 20 Minuten ohne Deckel ziehen lassen.

6 Beim Anrichten mit Bröselbutter überziehen.

Rohe Kartoffeln in leichtes Essigwasser reiben. Gut ausdrücken, abgesetzte Stärke mitverwenden.

Gut ausdrücken, abgesetzte Stärke mitverwenden.

Rohe und gekochte Kartoffeln vermischen.

Knödel mit gerösteten Brotwürfeln füllen.

Pilaf – Gedünsteter Reis

Material-	Menge	Material
anforderung	300 g	Reis (Langkorn)
für	100 g	Zwiebeln
5 Portionen	50 g	Öl
	0,5 l	Fleischbrühe
	100 g	Parmesankäse
	50 g	Butter
		Gewürz: Salz

Arbeitsweise

1 Zwiebelbrunoise in Öl anschwitzen.
2 Gewaschenen Reis zugeben.
3 Mit der 1½fachen Menge Fleischbrühe auffüllen.
4 Würzen, aufkochen.
5 Zugedeckt in der Röhre bei 200 °C 18 Minuten garen.
6 Geriebenen Parmesankäse und Butterflocken mit der Fleischgabel unterheben.

Zutaten: Öl, Zwiebelbrunoise, gewaschener Reis, Fleischbrühe und Parmesankäse.

Zwiebeln in Öl glasig schwitzen, Reis zugeben und mit eineinhalbfacher Menge gewürzter Brühe aufgießen. Zugedeckt 18 Minuten garen.

Mit Hilfe einer Gabel den geriebenen Parmesankäse als Gewürz unterheben.

Bandnudeln

Material-anforderung für 5 Portionen	Menge	Material
	250 g	Mehl
	2	Eier
	2 EL	Öl
	2 EL	lauwarmes Wasser
		Gewürz: Salz

Arbeitsweise

1 Gesiebtes Mehl mit den Zutaten auf einer Arbeitsfläche zu einem glatten Teig verkneten.

2 Zugedeckt an einem warmen Ort ca. 30 Minuten ruhen lassen.

3 Teig auf bemehlten Arbeitstisch dünn ausrollen und übertrocknen lassen.

4 Teigplatte in kleine rechteckige Stücke zerteilen, zusammenrollen und in Bänder schneiden, auflockern und endgültig trocknen.

5 Bandnudeln im Salzwasser mit etwas Öl weichkochen (al dente), mit kaltem Wasser abschrecken und noch warm in Butter anschwenken.

Zutaten zu einem glatten Teig verkneten.

Teigenden zur Mitte schlagen.

In gleichmäßige Stücke schneiden.

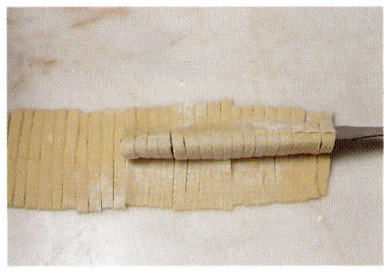

Mit einer Palette abheben.

Zum Trocknen auf bemehltes Tuch legen.

Eventuell mit einer Butter-Bröselschmelze garnieren.

Spätzle

Material- anforderung für **5 Portionen**	Menge	Material
	250 g	Mehl
	3	Eier
	0,1 l	Milch oder lauwarmes Wasser
		Gewürze: Salz, Muskat.

Arbeitsweise

1 Gesiebtes Mehl und die restlichen Zuteaten zu einem glatten Teig schlagen.

2 Spätzleteig auf ein angefeuchtetes Brett geben, mit der Palette dünne Streif-
chen in kochendes Salzwasser abstreifen oder Spätzlehobel oder Spätzle-
presse verwenden.

3 Die gekochten Spätzle werden in kaltes Wasser umgesetzt, gut abgetropft
und in Butter angeschwenkt.

Semmelknödel

Material- anforderung für 5 Portionen	Menge	Material
	8	Semmeln
	0,2 l	Milch
	100 g	Zwiebeln
	50 g	Butter
	4	Eier
		Gewürze: Salz, Muskat, weißer Pfeffer, Petersilie.

Knödelbrot in gleichmäßige, dünne Scheiben schneiden, mit heißer Milch übergießen und zugedeckt stehen lassen.

In Butter gedünstete Zwiebelwürfel, Eier, Petersilie, Salz und Muskat zufügen und zu einem lockeren Teig vermischen. Knödel formen und in Salzwasser garziehen lassen.

Warenkorb – Dessert

Auswahlmöglichkeiten für Dessertaufgaben

Teige und Massen:

Dessert von oder mit

Hefeteig
Strudelteig
Mürbeteig
Pfannkuchenteig
Bier- oder Weinteig
Blätterteig
Biskuit
Baisermasse

Süßspeisen:

Dessert von oder mit

Krem (z.B. Bayerische Krem)
Reis oder Grieß
Schokolade
Quark oder Joghurt

Desserts von oder mit

Früchten und Beeren
(z.B. Rote Grütze, Salat von frischen Früchten)

Dessert von oder mit

Eis
(z.B. eigene Eisherstellung oder Verwendung von
vorgefertigter Ware)

Dessert von

pochiertem Pudding (z.B. Soufflé, Auflauf)

Bayerische Krem

Material-anforderung für 10–15 Portionen	Menge	Material
	0,5 l	Milch
	1	Vanillestange
	4	Eigelbe
	125 g	Zucker
	6–8	Blatt Gelatine
	0,5 l	Sahne

Arbeitsweise

1 Milch mit der Vanillestange und der halben Menge Zucker aufkochen.

2 Eigelbe mit dem Restzucker schaumig schlagen und die heiße Milch auf die Eigelb-/Zuckermasse passieren.

3 Masse über Wasserdampf bis zur „Rose" kremig abziehen.

4 Eingeweichte Gelatine in kaltem Wasser ausdrücken und dazugeben (in der heißen Masse löst sich die Gelatine sofort auf).

5 Masse in kaltem Wasser kaltschlagen, bis die Masse kremig anzieht.

6 Steifgeschlagene süße Sahne unter die stockende Masse heben.

7 Sofort in Gläser abfüllen, nach dem vollständigen Stocken entsprechend garnieren.

Eigelb von Eiweiß trennen und Zutaten bereitstellen.

Milch auf die Eigelbmasse passieren.

Über Wasserdampf zur Rose abziehen.

Schlagsahne unter die kalte Masse heben.

Ableitungen

Himbeerkrem

(ohne Vanille)

Die passierten Himbeeren unter die abgekühlte Eimasse heben (für das Grundrezept 250 g Himbeeren verwenden).

Nusskrem

Geriebene Haselnüsse in der Pfanne goldgelb rösten, abkühlen und zum Schluss unterheben (für das Grundrezept 100 g geriebene Haselnüsse verwenden).

Schokoladenkrem

Grob geraspelte Schokolade in der Milch mitkochen, dabei die Zuckermenge um 50 g reduzieren (für das Grundrezept 100 g dunkle Schokolade verwenden).

Grießflammeri

Material- anforderung für 12 Portionen	Menge	Material
	0,5 l	Milch
	1	Vanilleschote
	50 g	Grieß
	6 Blatt	Gelatine
	5	Eigelb
	125 g	Zucker
	1/2	Zitrone, gerieben
	0,5 l	Sahne

Arbeitsweise

1 Milch mit Vanilleschote aufkochen, durch ein Haarsieb passieren.

2 Grieß zugeben, mit geringer Hitze weichkochen bis die Masse andickt.

3 Eigelbe und Zucker schaumig schlagen.

4 Heiße Grießmasse in eine kalte Schüssel umfüllen, eingeweichte Gelatine und geschlagene Eigelb einrühren, geriebene Zitronenschale zugeben.

5 Masse abkühlen bis sie zu stocken beginnt, geschlagene Sahne unterheben.

6 In kalt ausgespülte Förmchen füllen, aufklopfen, glattstreichen, ca. 1 Stunde kühlen.

7 Fruchtsoßenspiegel auf Teller geben, Flammerie auf die Soße stürzen, mit Sahne und Früchten garnieren.

Reis Trautmannsdorf

Material- anforderung für 10 Portionen	Menge	Material
	125 g	Rundkornreis (Milchreis)
	125 g	Zucker
	0,75 l	Milch
	0,5 l	Sahne
	6 Blatt	Gelatine
	1/2	Vanilleschote
	1/2	Zitrone, gerieben
	evtl. 2	Eigelb
	120 g	Früchte (Salpikon)

Arbeitsweise

1 Reis ca. 3–4 Minuten blanchieren, in der Milch mit Zucker und Vanillemark zugedeckt bei geringer Hitze weichdünsten.

2 Reismasse in eine Schüssel umfüllen, eingeweichte Gelatine zugeben, mit wenig Zucker schaumig geschlagene Eigelbe in die noch heiße Reismasse einrühren, mit geriebener Zitronenschale abschmecken.

3 Die Reismasse abkühlen bis sie zu stocken beginnt.

4 Geschlagene Sahne unter die kalte Masse heben, vorsichtig die marinierten Früchte einziehen.

5 In kalt ausgespülte Förmchen füllen, aufklopfen und glattstreichen, ca. 1 Stunde kühlen.

6 Fruchtsoßenspiegel auf Teller geben, Reis auf die Soße stürzen, mit Sahne und Früchten garnieren.

Pfirsich Melba

Pfirsichhälfte auf Vanilleeis anrichten, mit Himbeersoße überziehen, mit Sahne und Mandelsplittern garnieren.

Material-anforderung für 6 Portionen	Menge	Material
	250 g	Pfirsiche
	0,25 l	Läuterzucker
	12	Kugeln Vanilleeis
	100 g	Himbeeren
	100 g	Erdbeeren
	50 g	Zucker
	0,2 l	Sahne

Arbeitsweise

1 Frische Pfirsiche waschen, blanchieren (enthäuten), in Läuterzucker kurz dünsten, im Fond kaltstellen.

2 Melbasoße aus Erdbeer- und Himbeermark sowie dem Zucker herstellen.

3 Pro Portion 2 Kugeln Vanilleeis auf kaltem Teller anrichten, ½ Pfirsich auf das Eis geben.

4 Den ½ Pfirsich mit Melbasoße überziehen und mit geschlagener Sahne verzieren.

Pfirsiche in kochendem Wasser blanchieren, abschrecken und die Haut entfernen.

Himbeeren mit Zucker verkochen, passieren und mit wenig Himbeergeist abschmecken.

Birne Helene

Material- anforderung für 6 Portionen	Menge	Material
	300 g	Birnen
	0,25 l	Läuterzucker
	12	Kugeln Vanilleeis
	100 g	Schokolade
	0,2 l	Sahne
	½	Vanillestange
	0,2 l	Sahne zum Garnieren

Arbeitsweise

1 Frische Birnen waschen, schälen, halbieren und das Kerngehäuse ausstechen.

2 In Läuterzucker kurz dünsten und im Fond kalt stellen.

3 Schokolade schmelzen lassen, Sahne mit Vanilleschote aufkochen, heiße
   Sahne unter die Schokolade rühren.

4 Pro Portion 2 Kugeln Vanilleeis auf kaltem Teller anrichten, ½ Birne auf das
   Eis geben.

5 Mit geschlagener Sahne garnieren, warme Schokoladensoße extra servieren.

Omelette en surprise (Überraschungsomelett)

Material-anforderung für 5 Portionen	*Biskuit*	
	Menge	Material
	4	Eigelb
	75 g	Zucker
	50 g	Weizenmehl
	50 g	Weizenpuder
	4	Eiweiß
		Gewürze: geriebene Zitronen-schale, Vanillezucker.

Soufflémasse
Auflaufmasse

Menge	Material
30 g	Zucker
1	Eigelb
7	Eiweiß
80 g	Zucker
1 TL	Stärkemehl
	Gewürze: Vanillezucker, geriebene Zitronenschalen.

Füllung:
pro Portion ca. 3 Kugeln Eis
pro Portion 60 g Früchte

Arbeitsweise

1 Eigelb mit Zucker und Aromaten schaumig schlagen.

2 Eiweiß mit Zucker zu Schnee schlagen, Stärkemehl unterrühren.

3 Steifgeschlagenes Eiweiß vorsichtig unter die Eigelbmasse heben.

4 Auf eine Platte einen dünnen Biskuitboden legen, mit den Eiskugeln und den eingelegten Früchten garnieren, mit Biskuitscheiben abdecken.

5 Soufflémasse sofort auf dem Biskuit glattstreichen und mit dem Spritzsack (Sterntülle) garnieren. Mit Puderzucker bestreuen, im Ofen bei mittlerer Hitze (200 °C) ca. 10 Minuten goldgelb backen, sofort servieren.

 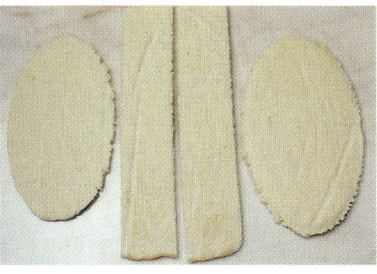

Biskuitboden und Deckel ausschneiden.

Biskuit mit Maraschinolikör tränken.

Eissockel mit Biskuit verkleiden.

Mit Soufflémasse einstreichen und garnieren, backen.

Apfelbeignets mit Vanillesoße

**Material-
anforderung
für
10 Portionen**

Bierteig

Menge	Material
250 g	Mehl
0,2 l	Bier (Wein)
3 EL	Öl
20 g	Zucker
2	Eigelb
2	Eiweiß
	Salz

Apfelbeignets (Apfelkrapfen)

Menge	Material
400 g	Äpfel
	Zitronensaft, Puderzucker, Likör
50 g	Zucker
	Zimt

*Vanillesoße
ohne Stärke*

Menge	Material
6	Eigelb
100 g	Zucker
½ l	Milch
½	Vanilleschote

mit Stärke

½ l	Milch
40 g	Zucker
½	Vanilleschote
10 g	Speisestärke
2	Eigelb

Aus den Zutaten einen cremig-flüssigen Teig herstellen.

Eischnee vorsichtig unterheben.

Äpfel ausstechen, in Scheiben schneiden und in Zitronenwasser lagern.

Apfelscheiben in Mehl wenden, in Bierteig tauchen und backen.

Mit Zimtzucker bestreuen.

Alternativ auf Vanillesoße anrichten.

Arbeitsweise

Bierteig (Ausbackteig):

1 Mehl, Flüssigkeit, Eigelb und Gewürze mischen.

2 Eiweiß zu Schnee schlagen und erst zum Schluss unter den Teig heben.

3 Sofort verarbeiten.

Apfelkrapfen (Beignets):

1 Geschälte Äpfel entkernen, in Scheiben schneiden, mit Likör und Zitronensaft mazerieren, mit Puderzucker bestäuben.

2 Durch den Ausbackteig ziehen, in der Frittüre backen, in Zimtzucker wenden.

Vanillesoße ohne Stärke:

1 Eigelb und Zucker kremig schlagen.

2 Milch mit Vanilleschote aufkochen.

3 Heiße Milch auf die Eigelbmasse passieren.

4 Soße bis zur „Rose" aufschlagen, sofort servieren.

Vanillesoße mit Stärke:

1 Von der Milch 3 EL abnehmen und die Stärke damit anrühren.

2 Restliche Milch, Zucker und ausgeschabte Vanilleschote aufkochen.

3 Eigelb und angerührte Stärke vermischen und unter Rühren in die kochende Milch geben.

4 Mehrmals aufwallen lassen, evtl. kaltrühren.

Apfelstrudel

Material- anforderung für 10 Portionen	*Ziehteig*	
	Menge	Material
	250 g	Mehl
	2 EL	Öl
	⅛ l	lauwarmes Wasser
	1	Ei
		Gewürz: Salz
	Füllung	
	1200 g	säuerlicher Apfel
	100 g	Zucker
	60 g	Rosinen
	50 g	geriebene Nüße
	40 g	gehobelte Mandeln
	60 g	Semmelbrösel (Paniermehl)
		Gewürze: Zitrone, Rum, Zimt,
		Sauerrahm oder Sahne.
	1	Eigelb zum Bestreichen
	50 g	Butter zum Bestreichen

Apfelstrudel Wiener Art

Arbeitsweise

1 Zutaten zu einem festen Teig verkneten, unter einem warmen Topf
ca. 15 Minuten ruhen lassen.

2 Strudelteig über den Handrücken ausziehen oder ausrollen, Teig darf dabei
nicht reißen.

3 Äpfel schälen, vierteln, entkernen und in Scheiben schneiden, mit den Zutaten mischen, auf den mit Semmelbröseln bestreuten Teig gleichmäßig
verteilen.

4 Ränder mit Eigelb bestreichen und mit dem Tuch zusammenrollen.

5 Mit Eigelb bestreichen und 30 Minuten bei 200°C backen.

Apfelmasse zubereiten. Restliche Zutaten bereitstellen.

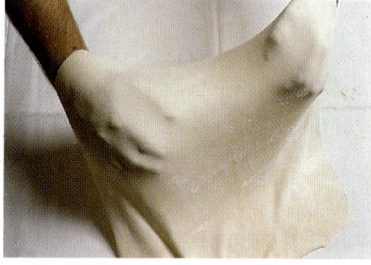

Teig dünn über dem Handrücken ausziehen.

Teigrand mit Eigelb bestreichen, Apfelmasse auflegen.

Strudel mit Hilfe des Tuches einrollen.

Apfelstrudel Bayerische Art

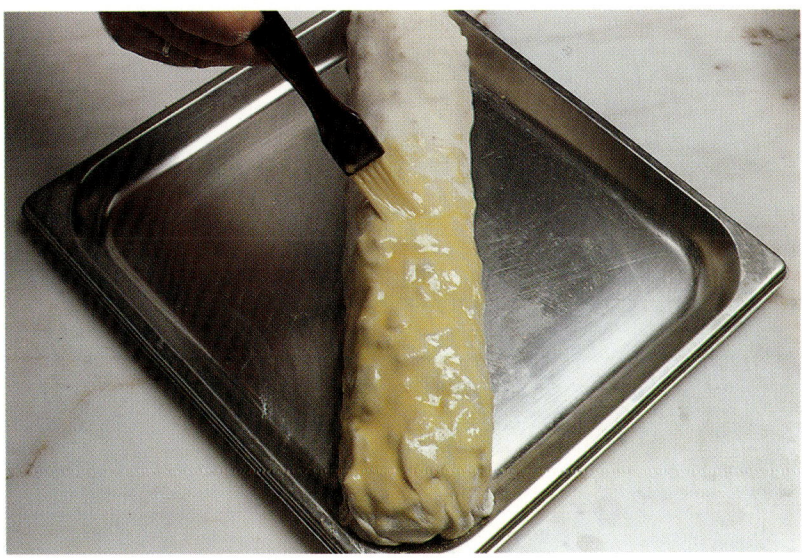

Arbeitsweise

1 Strudel in eine gebutterte Bratreine geben und ca. 15 Minuten bei 200°C anbacken.

2 Aus Eigelb, Sahne und Zucker eine Masse herstellen und den Strudel begießen, weitere 15 Minuten bei 180°C im Ofen backen. Die Masse stockt und karamellisiert beim Backen.

3 Mit einem Spachtel Dessertportionsstücke abstechen.

Rohrnudeln

Material-	Menge	Material
anforderung	500 g	Mehl
für	25 g	Hefe
15 Portionen	0,2 l	Milch
	70 g	Butter
	70 g	Zucker
	2	Eier
		Gewürze: Salz, geriebene Zitronenschale.

Aus etwas Mehl, Hefe und lauwarmer Milch einen Vorteig herstellen. An warmem Ort ruhen lassen.

Restliche Zutaten zum Vorteig geben, zu einem trockenen Hefeteig schlagen, zugedeckt ruhen lassen.

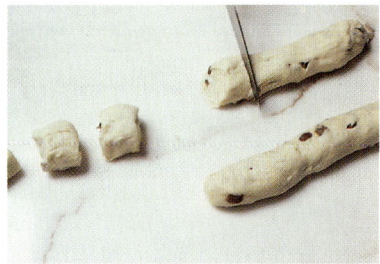

Einen Strang ausrollen und gleichmäßige Portionsstücke schneiden.

Stücke mit der Hand zu kleinen Kugeln schleifen und in gebutterte, gezuckerte Form setzen.

Für Buchteln (links) Teigtaler ausstechen. Zugedeckt gehen lassen.

Mit Butter bestreichen und bei 200°C 20 bis 30 Minuten backen. Mit Vanillesoße servieren.

Dukatenbuchteln

Material-anforderung für 15 Portionen	Menge	Material
	500 g	Mehl
	25 g	Hefe
	0,2 l	Milch
	70 g	Butter
	70 g	Zucker
	2	Eier
		Gewürze: Salz, geriebene Zitronenschale.

Materialanforderung wie für Hefeteig/Rohrnudeln

Arbeitsweise

1 Hefeteig (siehe Rohrnudeln) herstellen.

2 Hefeteig gleichmäßig dick ausrollen (ca. 1,5 cm) und mit einem Ausstecher (Ø 2–3 cm) Teigtaschen ausstechen.

3 In eine gebutterte und gezuckerte Form setzen, zugedeckt gehen lassen.

4 Die Oberfläche mit Butter bestreichen und ca. 20 Minuten bei 200°C goldgelb backen, dabei mehrmals mit zerlassener Butter bestreichen.

5 Noch warm aus der Form stürzen und mit Vanillesoße servieren.

Für Buchteln Teig ausrollen und ausstechen.

Auf Vanillesoße anrichten und mit Puderzucker bestäuben.

Zwetschgendatschi
(Pflaumenkuchen)

Arbeitsweise

1 Fertigen Hefeteig 5 mm stark ausrollen, auf ein gefettetes Backblech geben.
2 Entsteinte Pflaumen/Zwetschgen fächerartig auf den Teig legen.
3 Teig 20−30 Minuten an einem warmen Ort gehen lassen.
4 Bei 180−200°C im Backofen backen.
5 Erst nach dem Backen mit Zucker oder Zimtzucker bestreuen, evtl. nach dem Erkalten noch mit heißer Aprikosenmarmelade bestreichen.

Ausgerollten Hefeteig mit Bröseln bestreuen, mit entsteinten, fächerförmig aufgeschnittenen Zwetschgen belegen.

Gebackenen Zwetschgenkuchen mit Zimt-Zucker bestreuen und eventuell mit einer Sahnerosette garnieren.

Savarin
(Gerührter Hefeteig)

Material- anforderung für 10 Portionen	Menge	Material
	250 g	Mehl
	0,1 l	Milch
	30 g	Zucker
	15 g	Hefe
	2	Eier
	60 g	Butter
		Gewürze: Salz, geriebene Zitro- nenschalen.

Arbeitsweise

1 Alle Zutaten in direkter Teigführung mischen, Teig gut durchschlagen.

2 Teig zugedeckt gehen lassen.

3 Teig nochmals durchschlagen, in gut gefettete Förmchen (Ringformen) mit Spritzsack/Lochtülle einspritzen.

4 Nochmals gehen lassen, ca. 20 Minuten bei 200°C goldgelb backen.

5 Aus der Form nehmen, in warmen Läuterzucker mit Rum tränken, mit Früchten und Sahne garnieren.

Biskuitroulade
(auf kaltem Wege)

Material-	Menge	Material
anforderung	8	Eigelbe
für	150 g	Zucker
10 Portionen	100 g	Weizenpuder
	100 g	Weizenmehl
	8	Eiweiß
		Gewürze: Vanillezucker oder das
		Ausgeschabte einer Vanille-
		schote, geriebene Zitronenschale.

Eigelbe mit Zucker, Zitronenschale und Vanille schaumig rühren.

Gesiebtes Mehl und Weizenpuder abwechselnd mit dem steifgeschlagenen Eiweiß unter die Masse heben.

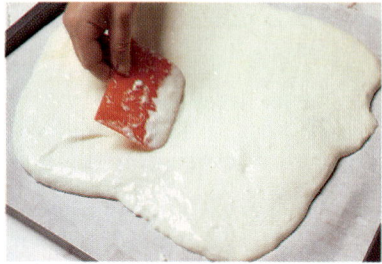

Auf Pergamentpapier streichen und bei 180°C 10 bis 15 Minuten backen.

Sofort auf feuchtes, gezuckertes Tuch stürzen und das Papier abziehen.

Mit verrührter Aprikosenkonfitüre bestreichen.

Schnell mit Hilfe des Tuches einrollen.

Biskuitroulade
(Wiener Masse)
(auf warmem Wege)

Material- anforderung für 10 Portionen	Menge	Material
	8	Eier
	150 g	Zucker
	100 g	Weizenpuder
	100 g	Weizenmehl
	60 g	Butter
		Gewürze: Vanillezucker oder das Ausgeschabte einer Vanille- schote, geriebene Zitronenschale.

Arbeitsweise

1 Die Eier mit dem Zucker sowie den Gewürzen über Wasserdampf bis zur „Rose" kremig aufschlagen.

2 Die Masse ausschließlich kalt schlagen.

3 Mehl und Weizenpuder sieben und unter die Eiermasse geben.

4 Zerlassene lauwarme Butter mit einem Holzspachtel unter die Masse ziehen.

5 Die weitere Arbeitsweise ist wie bei der auf kaltem Wege hergestellten Biskuitmasse.

Windbeutel

Material-anforderung für 10 Portionen	*Brandteig*	
	Menge	Material
	0,25 l	Wasser oder Milch
	70 g	Butter
	150 g	Mehl
	4	Eier
		Gewürz: Salz
	Füllung für Windbeutel	
	0,3 l	Sahne
	80 g	Puderzucker zum Bestäuben

Arbeitsweise

1 Flüssigkeit mit Fett und Salz aufkochen.

2 Gesiebtes Mehl im „Sturz" dazugeben und gut abbrennen, bis sich die Masse vom Geschirr löst.

3 In eine kalte Schüssel umfüllen, etwas abkühlen lassen.

4 Ganze Eier einzeln unterarbeiten.

5 Mit der Sterntülle eigroße Häufchen auf ein angefeuchtetes Blech spritzen.

6 Windbeutel ca. 30 Minuten bei 200 °C goldbraun backen.

7 Nach dem Erkalten halbieren, mit geschlagener Sahne füllen und mit Puderzucker bestäuben.

Zutaten genau abmessen und bereitstellen.

Mehl im Sturz in kochende Milch schütten.

Teig gut abbrennen.

Eier einzeln unterarbeiten.

Strauben

**Brandmasse mit der Sterntülle in Ring-
form auf ein geöltes Pergamentpapier
spritzen.**

**Das Papier mit den Ringen in eine auf-
geheizte Frittüre geben und zugedeckt
bei 170°C unter mehrmaligem Wenden
goldgelb backen.**

**Die warmen Strauben aprikotieren und
glasieren oder mit Puderzucker bestäuben, mit Vanillesoße servieren.**

Tartelettes (Törtchen)

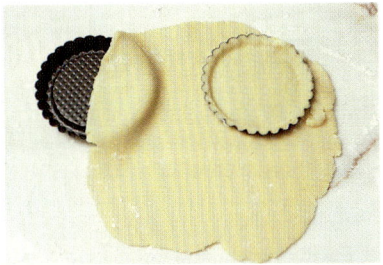

Mürbteig über gebutterte Förmchen legen und andrücken. Mit Gabel einstechen.

Zum Blindbacken Pergamentpapier einlegen und rohe Erbsen einfüllen. Papier und Erbsen nach dem Backen entfernen.

Gedeckter Apfelkuchen

Material-	Menge	Material
anforderung	100 g	Zucker
für	200 g	Fett
12 Portionen	300 g	Mehl
	1	Ei
		Gewürze: geriebene Zitronen-schalen, Vanille, Prise Salz.
	Füllung	
	1200 g	säuerliche Äpfel
	100 g	Zucker
	50 g	Rosinen
	50 g	geriebene Nüsse
		Gewürze: Zimt, Rum, Zitronen-saft.
	1	Eigelb zum Bestreichen

Arbeitsweise

1 Das gesiebte Mehl mit den Teigzutaten rasch verkneten, den Teig zugedeckt ruhen lassen.

2 Zwei Drittel des Teiges dünn ausrollen, Boden und Rand einer Springform auslegen, den Boden einstechen.

3 Äpfel schälen, vierteln, entkernen und in Scheiben schneiden, mit den Zutaten mischen.

4 Kuchenboden mit den Äpfeln füllen.

5 Restlichen Teig rund ausrollen, Teigplatte darüberlegen und mit Eigelb bestreichen.

6 Den Kuchen ca. 40–50 Minuten bei 180–200 °C goldgelb backen.

7 In der Form erkalten lassen, mit Puderzucker bestreuen, portionieren.

Zutaten schnell verkneten, damit der Teig nicht „brandig" wird.

Teig in gebutterte Springform setzen und mit Gabel einstechen.

Apfelmasse einfüllen.

Mit Teigplatte verschließen und backen

Beachte:
Durch zu warme Zutaten oder zu langes Kneten wird der Teig brandig. Beim Ausrollen reißt der Teig leicht ein. Fehlerbeseitigung ist möglich durch gründliches Durchkühlen des Teiges.

Deutscher Blätterteig

Material-	Menge	Material
anforderung	*Vorteig*	
für	500 g	Mehl
1200 g Teig	ca. 0,2 l	lauwarmes Wasser
	1 EL	Rum oder Essig
		Salz
	Fettziegel	
	500 g	Ziehmargarine (Butter)

Arbeitsweise

1 Mehl, Wasser, Rum oder Essig und Salz zu einem festen Vorteig verkneten.
2 Den Teig zu einer Kugel schleifen und zugedeckt ca. ½ Stunde rasten lassen.
3 Ziehmargarine mit wenig Mehl vermengen und zu einem Ziegel formen.
4 Vorteig vierlappig ausrollen, den Fettziegel auflegen und in die Teiglappen fest darüberspannen.
5 Teig vorsichtig von der Mitte zum Rand fingerdick ausrollen.
6 Dem Teig eine einfache Tour geben (dreiteilig), wieder ausrollen und zu einer doppelten Tour zusammenlegen (vierteilig).
7 In ein feuchtes Tuch einwickeln und ca. ½ Stunde rasten lassen.
8 Anschließend wieder mit einer einfachen und einer doppelten Tour fertig tournieren, nochmals einwickeln und mindestens 1 Stunde rasten lassen, danach kann der Teig weiterverarbeitet werden.

Mehlteig kreuzförmig ausrollen.

Butterteig auf dickere Mitte des Mehlteiges legen.

Mehlteig einschlagen, ausrollen.

Einfache Tour geben (drei Lagen).

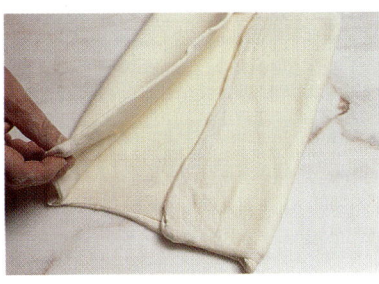

Doppelte Tour geben – zur Mitte einschlagen.

Vier Lagen zur doppelten Tour zusammenlegen.

Gedeckter Apfelstrudel

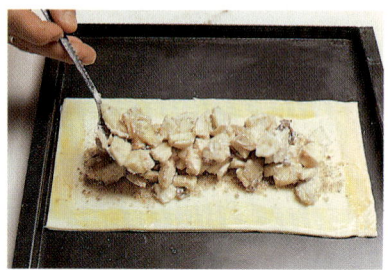

Apfelmasse gleichmäßig auf Teigboden verteilen.

Deckelplatte in gleichmäßigen Abständen einschneiden.

Deckel auflegen, andrücken und mit Eigelb bestreichen.

Bei 220°C backen, portionieren und mit Puderzucker bestreuen. Eventuell mit Fruchtsoße garnieren.

Fleurons
(Blätterteighalbmonde)

Arbeitsweise

1 Blätterteig 5 mm dick ausrollen.
2 Teig mit Eigelb bestreichen.
3 Mit geripptem Ausstecher Halb-
monde ausstechen, kühl ruhen lassen.
4 Bei 200 °C im Backofen mit
Dampfschwaden 10 bis 15 Minuten
goldgelb backen.

Käsestangen

Arbeitsweise

1 Blätterteig 5 mm dick ausrollen.
2 Teig mit Eigelb bestreichen, Mischung aus geriebenen Käse, Paprika, Kümmel und groben Salz
herstellen und auf den Teig
streuen, leicht andrücken.
3 Fingerbreite Streifen schneiden
und spiralenförmig eindrehen,
kühl ruhen lassen.
4 Bei 220 °C im Backofen mit
Dampfschwaden ca. 15 Minuten
backen.

Orly

Fischfilet Orly

Garniturbestandteile	Bierteig, Tomatensoße, Zitronenscheiben oder -ecken, gebackene Petersilie.
Verwendung	Fischfilets, Garnelen, Gemüse.
Arbeitsweise	Gargut würzen, in Mehl wenden, durch Bierteig ziehen, schwimmend in Fett ausbacken, Tomatensoße à part servieren.

auf Müllerinart
à la meunière

Forelle auf Müllerinart, Petersilienkartoffeln

Garniturbestandteile	Geschälte Zitronenscheiben, gehackte Petersilie, braune Butter.
Verwendung	Portionsfische wie Forelle, Renke, Felchen, Fischfilets, Fischtranchen.
Arbeitsweise	Fisch nach der 3-S-Methode vorbereiten, in Mehl wenden, in Fett braten, in Butter nachbraten, mit Zitronenscheiben belegen, gehackte Petersilie darüberstreuen, mit Butter begießen.

auf Pariser Art
à la parisienne

Kalbsschnitzel auf Pariser Art, glasierte Karotten, Herzoginkartoffeln

Garniturbestandteile	in Eihülle gebraten.
Verwendung	Helles Kurzbratfleisch vom Kalb, Schwein. Portions-geflügelfleisch von Pute, Poularde.
Arbeitsweise	Das portionierte Fleisch würzen, mehlieren und in geschlagenem Ei wenden, in heißer Butter goldgelb braten.

auf Berliner Art
à la berlinoise

Kalbsleber auf Berliner Art mit Kartoffelpüree

Garniturbestandteile	Apfelscheiben, Röstzwiebeln, Bratensoße (Jus).
Verwendung	Gebratene Kalbsleberscheiben.
Arbeitsweise	Kalbsleber abziehen, in dünne Scheiben schneiden, in Butter rosa braten, erst nach dem Braten würzen. Äpfel schälen und entkernen, in gleichmäßige Scheiben schneiden, in Butter braten, Zwiebeln in Streifen schneiden, mit Mehl und Paprika bestäuben, im Fett rösten; Leber mit Apfelscheiben und Röstzwiebeln garnieren, mit Bratbutter begießen, Bratensoße zugeben.

Holstein

Kalbsschnitzel Holstein, Gemüsegarnitur, Röstkartoffeln

Garniturbestandteile	Gebratenes Spiegelei, Röstbrotschnitten belegt mit Sardellenfilets, Räucherlachs, Kaviar.
Verwendung	Gebratenes Kalbsschnitzel.
Arbeitsweise	Kalbschnitzel natur braten, Spiegelei braten, rund ausstechen, Toastbrot schneiden, entrinden, rösten, mit Butter bestreichen, einzeln mit gewässerten Sardellenfilets, Räucherlachs, Kaviar belegen, entsprechend garnieren, Spiegelei auf das gebratene Kalbschnitzel geben, mit den Canapés umlegen.

Prinzessinnenart
à la princesse

Kalbsschnitzel Prinzessinnenart, Pariser Kartoffeln

Garniturbestandteile	Spargel mit holländischer Soße überbacken.
Verwendung	Kurzbratfleisch vom Kalb (Schnitzel, Steaks, Medaillons).
Arbeitsweise	Auf das gebratene Fleisch werden Spargelstücke angerichtet, mit Holländischer Soße überzogen und im Salamander überbacken.

auf Mailänder Art
à la milanaise

Kalbsschnitzel auf Mailänder Art

Garniturbestandteile	Streifen von Kochschinken, Pökelzunge, Champignons, Trüffel, Spaghetti, Tomatensoße
Verwendung	Kleine Kalbsschnitzel (2−3 Stück pro Portion) in einer Ei-Käsehülle oder in Ei, mie de pain und Käse panieren.
Arbeitsweise	Kleine Kalbsschnitzel mit entsprechender Panierung umhüllen, in Butter langsam braten, Spaghetti mit Schinken-, Pökelzungen- und Champignonstreifen anschwenken, gebratene Kalbsschnitzel auf Spaghetti anrichten, mit Trüffelstreifen .bestreuen, Tomatensoße zugeben.

im Ofen überbacken
(z.B. mit Ragout) – gratiné au four

Kalbssteak mit Ragout überbacken, feine Erbsen, Kartoffelkroketten

Garniturbestandteile	Feines Ragout mit holländischer Soße überbacken.
Verwendung	Kurzbratfleisch vom Kalb (Schnitzel, Steaks, Medaillons).
Arbeitsweise	Gekochtes Kalbfleisch in kleine Würfel (Salpikon) schneiden, frische Champignons in Würfel schneiden, zusammen anschwitzen, aus dem Kalbsfond eine Velouté herstellen, damit die Kalbfleisch- und Champignonwürfel binden, kurz durchkochen lassen, mit Eigelb und Sahne legieren, auf das gebratene Fleisch geben, mit holländischer Soße überziehen und gratinieren.

Esterhazy

Schmorsteak Esterhazy mit Gemüsestreifen, Herzoginkartoffeln

Garniturbestandteile	Gedünstete Gemüsestreifen von Karotten, Lauch und Sellerie.
Verwendung	Geschmorte Portionsgerichte vom Rind.
Arbeitsweise	Feine Gemüsestreifen in Butter anschwitzen, mit wenig Flüssigkeit auffüllen und kurz dünsten, das Gemüse muss al dente sein und wird ohne Flüssigkeit auf das geschmorte Portionsgericht gegeben.

Dubarry

Kalbsschnitzel Dubarry mit Blumenkohlröschen, Schloßkartoffeln

Garniturbestandteile	Blumenkohlröschen mit Mornaysoße überbacken.
Verwendung	Kurzbratgerichte von hellem Fleisch.
Arbeitsweise	Gekochte Blumenkohlröschen werden auf das gebra-tene Fleisch angerichtet, mit Mornaysoße überzogen, mit Parmesankäse und Butterflocken bestreut über-backen.

auf Bordeauxer Art
à la bordelaise

Rumpsteak auf Bordeauxer Art, glacierte Karotten, Dauphine Kartoffeln

Garniturbestandteile	Bordeauxer Soße, blanchiertes Rindermark.
Verwendung	Kurzbratgerichte vom Rind, z. B. Rumpsteak, Entrecôte.
Arbeitsweise	Zwiebelbrunoise in Butter anschwitzen, Pfefferkörner zugeben, mit Rotwein ablöschen und Sauce Demiglace auffüllen, durchkochen, passieren, gehackte Petersilie zugeben, Rindermark wässern, blanchieren, in Scheiben schneiden, auf das gebratene Fleisch geben, mit Soße überziehen.

Robert

Rumpsteak Robert, Macaire Kartoffeln

Garniturbestandteile	Robertsoße.
Verwendung	Koteletts, Steaks und Medaillons vom Schwein, Steaks vom Rind.
Arbeitsweise	Glacierte Zwiebelbrunoise mit Senf anschwitzen, Weißwein ablöschen, mit Sauce Demiglace auffüllen, über das kurzgebratene Fleisch geben.

auf Gärtnerinart
à la jardinière

Entrecôte double auf Gärtnerinart, Gemüsegarnitur, Waffelkartoffeln

Garniturbestandteile	Verschiedene frische Gemüse in einzelnen Bouquets angerichtet.
Verwendung	Glacierte Schlachtfleischstücke, Kurzbratgerichte von Schlachtfleisch.
Arbeitsweise	Frisches Gemüse säubern, putzen, vorbereiten (evtl. blanchieren), in verschiedenen Garmethoden wie dünsten, glasieren, schmoren, dämpfen zubereiten, evtl. durch gratinieren oder überglänzen fertigstellen.

auf provenzalische Art
à la provençale

Rumpsteak auf provenzalische Art, Blumenkohl, Kartoffelkroketten

Garniturbestandteile	Provenzalische Soße, tomates concassées, Champignons, Kräuter, Knoblauch.
Verwendung	Hammelkotelett, Lammnüsschen, Schweinesteak, Riesengarnelenschwänze.
Arbeitsweise	Glacierte Zwiebelbrunoise und Champignonscheiben mit Rotwein und Sauce Demiglace ablöschen und auffüllen, feingehackter Knoblauch und Kräuter zufügen, tomates concassées beigeben, über das kurzgebratene Fleisch geben.

amerikanische Art
à l'américaine

Rumpsteak amerikanische Art, Grilltomate, gebratener Maiskolben

Garniturbestandteile	Gebratene Speckscheiben, Grilltomate.
Verwendung	Glacierte Bratenstücke vom Rind, Schwein. Kurzbratgerichte vom Rind, Schwein.
Arbeitsweise	Das gegarte Fleisch wird mit gebratenen Speckscheiben belegt und einer Grilltomate garniert.

auf Haushofmeisterart
à la maître d'hôtel

Rumpsteak auf Haushofmeisterart, Grilltomate, Strohkartoffeln

Garniturbestandteile	Kräuterbutter auf Zitronenscheiben.
Verwendung	Kurzbratgerichte vom Schlachtfleisch, Grillgerichte vom Schlachtfleisch, Portionsfische, Fischfilets, Fischtranchen.
Arbeitsweise	Schaummig geschlagene Butter mit gehacktem Estragon, Kerbel, Petersilie, Schnittlauch, Kresse und Schalotten vermischen, mit Zitronensaft, Salz und Pfeffer abschmecken, in Pergamentpapier einrollen oder mit einer Sterntülle in Rosettenform aufspritzen, kalt stellen, Kräuterbutter auf einer geschälten Zitronenscheibe anrichten.

Mutton chops –
Hammelrückenscheibe

Hammelrückenscheibe vom Grill, Tomatenspalten, Grüne Bohnen und Petersilien-kartoffeln.

Garniturbestandteile   Kräuterbutter mit Zitronenscheibe.

Verwendung   Kurzbratgericht vom Lamm- und Hammelrücken.

Arbeitsweise   Kräuterbutterherstellung, geformte Butter auf geschäl-
ter Zitronenscheibe anrichten.

Westmoreland

Rumpsteak Westmoreland, Annakartoffeln

Garniturbestandteile	Essiggemüse (Mixed pickles), Kapern, Sauce Demiglace.
Verwendung	Kurzbratfleisch vom Schwein, Rind.
Arbeitsweise	Essiggemüse wird in Butter angeschwitzt, mit Sauce Demiglace aufgefüllt. Die Soße lässt man kurz einkochen und zum Schluss werden Kapern untergehoben und über das Fleisch gegeben.

Burgunder Art
à la bourguignonne

Schmorsteak Burgunder Art, Bohnenbündel, Mandelbällchen

Garniturbestandteile	Burgundersoße mit Schalotten, Champignons und Speckstreifen.
Verwendung	Geschmortes Rindfleisch, gekochte Kalbs- und Rinderzunge, glacierter Schinken.
Arbeitsweise	Herstellung der Burgundersoße als Ableitung der Sauce Demiglace oder als Ansatz zum geschmorten Rindfleischgericht, als Einlage werden angeschwitzte Champignons und Schalotten verwendet, gebratene Speckstreifen werden darübergestreut.

Strindberg

Rumpsteak Strindberg, junges Gemüse, Pariser Kartoffeln

Garniturbestandteile	Glacierte Zwiebelbrunoise, Senf.
Verwendung	Rostbraten, Rumpsteak.
Arbeitsweise	Zwiebelbrunoise in Butter glasig dünsten, Fleischschnitte mit Senf bestreichen, glacierte Zwiebelwürfel auf die bestrichene Seite geben, fest andrücken, mit Mehl bestäuben, die bestrichene Seite zuerst anbraten, vorsichtig umdrehen und langsam fertigbraten.

Mirabeau

Rumpsteak Mirabeau, Broccoli und Schlosskartoffeln

Garniturbestandteile	Sardellenstreifen oder Sardellenbutter, Olivenscheiben.
Verwendung	Kurzbratgericht vom Rind, z.B. Rumpsteak, Entrecôte.
Arbeitsweise	Dünne Sardellenfiletstreifen werden gitterförmig auf das gebratene Fleisch gelegt, gefüllte Oliven in Scheiben schneiden und über das Fleisch streuen.

auf Tiroler Art
à la tyrolienne

Rumpsteak auf Tiroler Art, Broccoliröschen, Herzoginkartoffeln

Garniturbestandteile	Gebackene Zwiebelringe, tomates concassées, Bratensoße (Jus).
Verwendung	Schweinemedaillons, Rumpsteaks, Rinderfiletschnitten.
Arbeitsweise	Dünne Zwiebelscheiben in einzelne Ringe zerdrücken, in Mehl wenden, durch Bierteig ziehen, in heißem Fett schwimmend goldbraun ausbacken, Tomatenfleischstücke.

Cordon bleu

Kalbsschnitzel Cordon bleu

Garniturbestandteile	Gekochter Schinken, Emmentaler Käse, Wiener Panade, Zitronengarnitur.
Verwendung	Kalbsschnitzel.
Arbeitsweise	Schnitzelfleisch im Schmetterlingsschnitt schneiden, plattieren, würzen, mit Schinken und Käse belegen, zusammenrollen und mit Mehl, Ei und geriebenem Weißbrot panieren, im Fett braten, in Butter nachbraten, trocken anrichten, mit Zitrone garnieren.

auf Bäckerart
à la boulangère

Schweinekotelett auf Bäckerart

Garniturbestandteile	Bäckerinkartoffeln, Bratensoße.
Verwendung	Schmor- und Bratengerichte vom Lamm, Hammel und Schwein, Kurzbratgerichte vom Lamm und Schwein.
Arbeitsweise	Rohe Kartoffeln in gleichmäßige Scheiben und Zwiebeln in Streifen schneiden, in eine gefettete Form geben, würzen, mit Jus übergießen, in der Röhre ohne Deckel schmoren, das garte Fleisch wird auf den Kartoffeln angerichtet.

auf bürgerliche Art
à la bourgeoise

Schweinekotelett auf bürgerliche Art, Fondant Kartoffeln

Garniturbestandteile	Tournierte, glasierte Gemüse wie Karotten, Rübchen, Sellerie.
Verwendung	Glacierte Fleisch- und Bratenstücke, Schmorgerichte, Kurzbratgerichte vom Rind, Kalb und Schwein.
Arbeitsweise	Zuckerhaltige Gemüse werden geformt (tourniert), mit Butter und Zucker angeschwitzt, mit Flüssigkeit knapp bedeckt und zugedeckt gedünstet, vor Ende der Garzeit wird die Dünstflüssigkeit sirupartig einge-kocht und durch das Schwenken der Sauteuse überzo-gen, das glasierte Gemüse wird als Garnitur um das Fleisch gelegt.